Innovatives Finanzmanagement

Corporate Finance

Die aktuellen Konzepte und Instrumente
im Finanzmanagement

von

Dr. Christof Schulte

Verlag Franz Vahlen München

ISBN 3 8006 3201 2

© 2006 Verlag Franz Vahlen GmbH
Wilhelmstraße 9, 80801 München
Satz: Fotosatz H. Buck
84036 Kumhausen
Druck und Bindung: Druckhaus Nomos
In den Lissen 12, 76547 Sinzheim

Gedruckt auf säurefreiem, alterungsbeständigem Papier
(hergestellt aus chlorfrei gebleichtem Zellstoff)

Vorwort

Corporate Finance umfasst alle Strategien und Maßnahmen im Finanzierungsbereich von Unternehmen. Gegenstand des vorliegenden Werkes sind alle modernen Ansätze und Instrumente einer zeitgemäßen Finanzierungspolitik, die eine hohe praktische Relevanz haben. Insbesondere werden die jüngsten Entwicklungen aufgrund von Basel II und die sich daraus ergebenden Ratinganforderungen sowie innovative Finanzierungsinstrumente aufgenommen. Neben der traditionellen Kreditfinanzierung werden die Kapitalmarktfinanzierung und Private Placement eingehend dargestellt. Die Finanzierungsstrategie wird hierbei in die gesamte Unternehmensstrategie und die Philosophie der wertorientierten Unternehmensführung eingebettet.

Dieses Buch unterscheidet sich (neben den inhaltlichen Schwerpunkten) von anderen Werken zu Corporate Finance durch die graphische Aufbereitung der Inhalte. Sie soll es den Lesern erleichtern, die wesentlichen Aussagen des Themengebietes schnell und strukturiert zu erschließen. Zweck und Methoden der graphischen Aufbereitung machen es erforderlich, einzelne inhaltliche Vereinfachungen vorzunehmen.

Zielgruppe dieses Buchs sind Mitarbeiter und Führungskräfte aus Unternehmen und Banken sowie Studierende der Betriebswirtschaftslehre im Hauptstudium. Grundkenntnisse aus dem Finanzmanagement werden hierbei vorausgesetzt.

Dank schulde ich vor allem meiner Familie, die auf viele gemeinsame Stunden verzichtet und mich zur Fertigstellung des Buches motiviert hat. Herrn Jürgen Schechler danke ich für die Aufnahme des Buches in die Reihe „Innovatives Finanzmanagement" sowie die gute Zusammenarbeit.

Christof Schulte

Inhaltsverzeichnis

Vorwort V
Abkürzungsverzeichnis IX

1. Grundlagen 1
1.1 Gegenstand und Ziele von Corporate Finance 1
1.2 Rahmenbedingungen 11
1.3 Finanzierungsformen 19
1.4 Aufbau des Buches 22

2. Finanzierungsstrategie 24
2.1 Wertorientierte Unternehmensführung 24
2.2 Kapitalstruktur 47
2.3 Strategische Finanzplanung 58

3. Kapitalbeschaffung 70
3.1 Ratings, Sicherheiten und Covenants 70
3.2 Eigenkapitalstrategien 88
    3.2.1 Grundlagen 88
    3.2.2 Börsengang (IPO) 94
    3.2.3 Dividendenpolitik 114
    3.2.4 Going Private 117
    3.2.5 Private Equity 127
    3.2.6 Buy-Outs 135
    3.2.7 Mitarbeiterkapitalbeteiligung 143
3.3 Mezzanine-Finanzierung 147
3.4 Kreditfinanzierung 162
    3.4.1 Überblick 162
    3.4.2 Kurzfristige Kreditfinanzierung durch Banken ... 165
    3.4.3 Leasing und Factoring 172
    3.4.4 Langfristige Kreditfinanzierung durch Banken ... 186
    3.4.5 Langfristige Kreditfinanzierung am Kapitalmarkt 193
    3.4.6 Langfristige Kreditfinanzierung durch Private Placement ... 203
    3.4.7 Gesellschafterdarlehen 212
    3.4.8 Staatliche Darlehen 214
3.5 Strukturierte Finanzierung 216
    3.5.1 Merkmale 216
    3.5.2 Asset Backed Securities (ABS) 220
    3.5.3 Projektfinanzierung 238
3.6 Akquisitionsfinanzierung 245
3.7 Immobilienfinanzierung 252
3.8 Zwischenschaltung ausländischer Finanzierungsgesellschaften ... 257

Inhaltsverzeichnis

3.9 Innenfinanzierung 260
3.10 Pensionsrückstellungen 269
3.11 Auswahl der Finanzierungsinstrumente 279
3.12 Optimierung der Kapitalstruktur in der Krise 285

4. Asset Management 287
4.1 Ziele und Dimensionen des Asset Management 287
4.2 Asset Liability Management 293
4.3 Strategien für das Management von Aktien und Anleihen 296
4.4 Multi-Manager-Konzept und Master KAG 301
4.5 Risikomessung 308

5. Cash Management 315
5.1 Cash-Pooling 315
5.2 Zahlungsverkehr 330
5.3 Konzernclearing 337

6. Risikomanagement 343
6.1 Überblick 343
6.2 Kreditrisikomanagement 349
6.3 Währungsrisikomanagement 356
6.4 Zinsrisikomanagement 385

7. Finanzsysteme und -organisation 398
7.1 Prozesse: Financial Supply Chain Management 398
7.2 Treasury Management Systeme 411
7.3 Finanzorganisation 421

8. Finanzmarketing 430
8.1 Aufgabenbereiche des Finanzmarketing 430
8.2 Bankenpolitik 433
8.3 Ziele und Grundsätze der Finanzkommunikation 439
8.4 Inhalte der Finanzkommunikation 451
8.5 Instrumente der Finanzkommunikation 458

Literaturverzeichnis 461
Stichwortverzeichnis 465

Abkürzungsverzeichnis

ABS	Asset Backed Securities
AfA	Absetzung für Abnutzung
AG	Aktiengesellschaft
AktG	Aktiengesetz
ALM	Asset-Liability-Modelle
AV	Anlagevermögen
BGB	Bürgerliches Gesetzbuch
BIC	Bank Identifier Code
BiRiLiG	Bilanzrichtliniengesetz
BörsG	Börsengesetz
BörsenO	Börsenordnung
bps	Basispunkte (basic points)
CAPM	Capital Asset Pricing Model
CD	Certificate of Deposit
CFROI	Cash Flow Return on Investment
CM	Cash Management
c.p.	ceteris paribus
CP	Commercial Paper
CRE	Corporate Real Estate
CRM	Customer Relationship Management
CTA	Contractual Trust Arrangement
DCF	Discounted Cash Flow
DCGK	Deutsche Corporate Governance Kommission
d.h.	das heisst
DSO	Days in Sales Outstanding
DtA	Deutsche Ausgleichsbank
DVFA	Deutsche Vereinigung für Finanzanalyse
E	Electronic
EBIT	Earnings Before Interest and Taxes
EBITDA	Earnings Before Interest, Taxes, Depreciation and Amortization
EBT	Earnings Before Taxes
EDI	Elecronic Data Interchange
EK	Eigenkapital
EMTN	European Medium Term Notes
ERP	European Recovery Program
EVA	Economic Value Added
EZB	Europäische Zentralbank
FCF	Free Cash Flow
FK	Fremdkapital

FRA	Forward Rate Agreement
FSCM	Financial Supply Chain Management
GB	Geschäftsbereich
GbR	Gesellschaft bürgerlichen Rechts
GmbH	Gesellschaft mit beschränkter Haftung
GuV	Gewinn und Verlust
GWB	Geschäftswertbeitrag
HGB	Handelsgesetzbuch
HV	Hauptversammlung
IBAN	International Bank Account Number
i.d.R.	in der Regel
IFRS	International Financial and Reporting Standards
IPO	Initial Public Offering
IRB	Internal Rating Based
KAG	Kapitalanlagegesellschaft
KG	Kommanditgesellschaft
KGaA	Kommanditgesellschaft auf Aktien
KapAEG	Kapitalaufnahmeerleichterungsgesetz
KapCoRiLiG	Kapitalgesellschaften-&Co. Richtlinie-Gesetz
k	durchschnittliche Kapitalkosten
k_{EK}	Eigenkapitalkosten
k_{FK}	Fremdkapitalkosten
KStG	Körperschaftsteuergesetz
LC	Letter of Credit
LBO	Leveraged Buy Out
LG	Leasinggeber
LN	Leasingnehmer
LMBO	Leveraged Management Buy Out
LOI	Letter of Intent
LuL	Lieferungen und Leistungen
M&A	Mergers and Acquisitions
MBI	Management Buy In
MBO	Management Buy Out
MIP	Mittelfristplanung
MTN	Medium Term Notes
NAIC	National Association of Insurance Commissioners
NewCo	New Company
OHG	Offene Handelsgesellschaft
OTC	Over the Counter
p.a.	per annum
PR	Public Relations
PSV	Pensionssicherungsverein
PublG	Publizitätsgesetz

Abkürzungsverzeichnis XI

Rae	Rechtsanwälte
RLZ	Restlaufzeit
ROCE	Return On Capital Employed
ROE	Return On Equity
SEC	Securities and Exchange Commission
S&P	Standard & Poor's
SPC	Special Purpose Company
SPV	Special Purpose Vehicle
StB	Steuerberater
SVA	Shareholder Value Added
SWIFT	Society for Worldwide Interbank Financial Telecommunications
SWOT	Strengths, Weaknesses, Opportunities and Threats
TG	Tochtergesellschaft
TransPuG	Transparenz- und Publizitätsgesetz
Tsd	Tausend
USD	US-Dollar
VAG	Versicherungsaufsichtsgesetz
VC	Venture Capital
VCG	Venture Capital Gesellschaft
VDT	Verband Deutscher Treasurer e.V.
VerkProsG	Verkaufsprospektgesetz
WA	Wandelanleihe
WACC	Weighted Average Costs of Capital
WP	Wirtschaftsprüfer
WPhG	Wertpapierhandelsgesetz
XML	Extended Markup Language
ZÄR	Zinsänderungsrisiko

1. Grundlagen

1.1 Gegenstand und Ziele von Corporate Finance

Corporate Finance muss zehn Fragenkomplexe beantworten

① Sind Unternehmens- und Finanzierungsstrategie aufeinander abgestimmt? Ist das Eigenkapital ausreichend, um die Unternehmensziele zu erreichen? Welche Finanzierungsstrategie verfolgt das Unternehmen?

② Werden durch die Schuldenstruktur ein optimaler „Leverage" erreicht, Zinskosten minimiert und erforderliche Investments finanziert?

③ Lassen sich Refinanzierungskosten durch interne Ressourcengeneration (Reduktion von Aktiva) oder durch Erhöhung zinsloser Passiva reduzieren?

④ Welches sind die optimalen Instrumente der Kapitalbeschaffung?

⑤ Welche Ziele und Strategien werden mit dem Asset Management verfolgt? Wie erfolgt die Durchführung und Erfolgsbeurteilung des Asset Management?

⑥ Werden alle sinnvollen Möglichkeiten zum Cash-Pooling, zur Optimierung des Zahlungsverkehrs und des Konzernclearing genutzt?

⑦ Welche Finanzrisiken sind relevant und wie werden sie gemanaged? Stellen die Finanzrisiken eine Bedrohung des Ergebnisses dar?

⑧ Welche Informations- und Kontrollsysteme sind erforderlich? Wie werden die Finanzprozesse gestaltet?

⑨ Welche Aufbauorganisation hat der Corporate Finance-Bereich?

⑩ Welche Bankenpolitik wird verfolgt? Wie wird das Finanzmarketing gestaltet?

Ziele von Corporate Finance

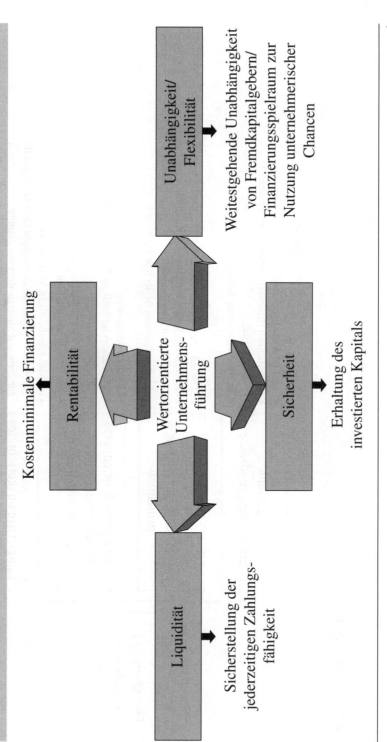

Finanzierungsgrundsätze

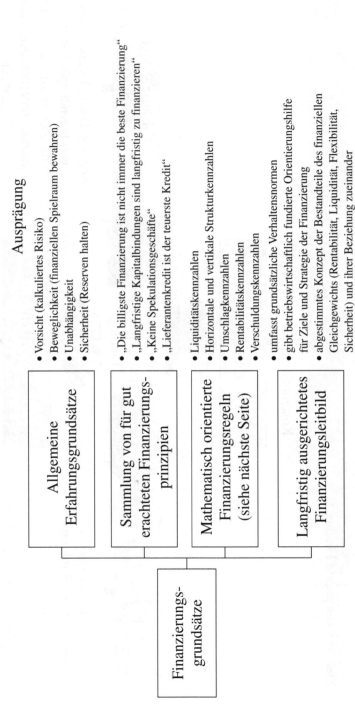

Finanzierungsgrundsätze	Ausprägung
Allgemeine Erfahrungsgrundsätze	• Vorsicht (kalkuliertes Risiko) • Beweglichkeit (finanziellen Spielraum bewahren) • Unabhängigkeit • Sicherheit (Reserven halten)
Sammlung von für gut erachteten Finanzierungsprinzipien	• „Die billigste Finanzierung ist nicht immer die beste Finanzierung" • „Langfristige Kapitalbindungen sind langfristig zu finanzieren" • „Keine Spekulationsgeschäfte" • „Lieferantenkredit ist der teuerste Kredit"
Mathematisch orientierte Finanzierungsregeln (siehe nächste Seite)	• Liquiditätskennzahlen • Horizontale und vertikale Strukturkennzahlen • Umschlagkennzahlen • Rentabilitätskennzahlen • Verschuldungskennzahlen
Langfristig ausgerichtetes Finanzierungsleitbild	• umfasst grundsätzliche Verhaltensnormen • gibt betriebswirtschaftlich fundierte Orientierungshilfe für Ziele und Strategie der Finanzierung • abgestimmtes Konzept der Bestandteile des finanziellen Gleichgewichts (Rentabilität, Liquidität, Flexibilität, Sicherheit) und ihrer Beziehung zueinander

Gegenstand und Ziele von Corporate Finance

Finanzkennzahlen

Liquiditätskennzahlen

- Cash Ratio (Liquiditätsgrad 1) $= \dfrac{\text{Flüssige Mittel}}{\text{Kurzfristiges Fremdkapital}} \cdot 100\,\%$
- Quick Ratio (Liquiditätsgrad 2) $= \dfrac{\text{Flüssige Mittel + Forderungen}}{\text{Kurzfristiges Fremdkapital}} \cdot 100\,\%$
- Current Ratio (Liquiditätsgrad 3) $= \dfrac{\text{Umlaufvermögen}}{\text{Kurzfristiges Fremdkapital}} \cdot 100\,\%$

Horizontale und vertikale Strukturkennzahlen

- Eigenkapitalquote $= \dfrac{\text{Eigenkapital}}{\text{Gesamtkapital}} \cdot 100\,\%$
- Fremdkapitalquote $= \dfrac{\text{Fremdkapital}}{\text{Gesamtkapital}} \cdot 100\,\%$
- Anlagedeckungsgrad $= \dfrac{\text{Eigenkapital}}{\text{Anlagevermögen}} \cdot 100\,\%$ oder $\dfrac{\text{Eigenkapital + langfristiges Fremdkapital}}{\text{Anlagevermögen}} \cdot 100\,\%$

Umschlagkennzahlen

- Kapitalumschlaghäufigkeit $= \dfrac{\text{Verkaufsumsatz}}{\text{Gesamtkapital}}$
- Lagerumschlaghäufigkeit $= \dfrac{\text{Einstandswert der verkauften Waren}}{\text{Ø Lagerbestand}}$

Rentabilitätskennzahlen

- Umsatzrendite (Return on Sales, ROS) $= \dfrac{\text{Gewinn vor Zinsen}}{\text{Verkaufsumsatz}} \cdot 100\,\%$
- Gesamtkapitalrendite (Return on Investment, ROI) $= \dfrac{\text{Gewinn vor Zinsen}}{\text{Gesamtkapital}} \cdot 100\,\%$
- Eigenkapitalrendite (Return on Equity, ROE) $= \dfrac{\text{Reingewinn}}{\text{Eigenkapital}} \cdot 100\,\%$

Verschuldungskennzahlen

- Verschuldungsgrad (Gearing ratio) $= \dfrac{\text{Fremdkapital}}{\text{Eigenkapital}} \cdot 100\,\%$
- Schuldentilgungsfähigkeit $= \dfrac{\text{Verbindlichkeiten}}{\text{Cashflow}}$
- Verschuldungsfähigkeit $= \dfrac{\text{EBIT}}{\text{Zinsen}}$

Gegenstand und Ziele von Corporate Finance 1.1

Verknüpfung zwischen Wertkette und Free Cash-flow

Wertkette in Anlehnung an Porter	Unterstützende Aktivitäten	– Personalwesen – Unternehmensinfrastruktur – Forschung und Entwicklung			
	Primäre Aktivitäten				
		Eingangslogistik	Fertigung	Ausgangslogistik	Marketing & Vertrieb
		– Materialtransport – Lagerhaltung – Wareneingang – Administration	– Bearbeitung – Montage – Testen – Verpacken	– Materialtransport – Lagerhaltung – Warenausgang – Administration	– Außendienst – Werbung – Verkaufsunterstützung – Administration
		– Rohmateriallager – Kreditoren	– Halbfertigfabrikatelager – Kreditoren	– Fertigfabrikatelager	– Debitoren
		– Lager – Transportflotte – Ausstattung	– Produktionsanlagen – Ausstattung	– Lager – Transportflotte – Ausstattung	– Vertriebseinrichtungen – Autos des Außendienstes – Computer

Cash-Flow-Determinanten

Umsätze

– Betriebskosten

= Betriebsgewinn
– Gewinnsteuern
= Betriebsgewinn nach Steuern
+ Abschreibungen und andere nichtzahlungswirksame Aufwendungen

– Zunahme des Netto-Umlaufvermögens

– Zunahme des Anlagevermögens

= Free Cash-flow

(vgl. Schierenbeck/Lister 1998, S. 49)

Kennzahlen der Cash Flow-Analyse

Operativer Cash Flow
- Operativer Cash Flow in % der Nettoverschuldung (d.h. zinstragendes Fremdkapital abzüglich liquide Mittel und kurzfristige Finanzanlagen)
- Operativer Cash Flow in % der (betriebsnotwendigen) Investitionsauszahlungen
- Dividendenzahlungen bzw. Jahresüberschuss in % des operativen Cash Flows

− *betriebsnotwendige Investitionsauszahlungen*

= *Free Cash Flow*
- *Free Cash Flow Cover:* Free Cash Flow in % des Kapitaldienstes bzw. nur des Zinsdienstes
- *Dividend Cover:* Dividende in % des Free Cash Flow
- *Dynamischer Verschuldungsgrad:* Gesamtverschuldung in % des Free Cash Flows
- *Cash Burn Rate* = Free Cash Flow in % der verfügbaren Liquiditätsreserven bzw. des Eigenkapitals (nur relevant, wenn der Free Cash Flow negativ ist)

− *Dividendenauszahlungen*

= *Diskretionärer Cash Flow*
- Dynamischer Verschuldungsgrad (Gesamtverschuldung in % des diskretionären Cash Flows)

Cash-flow-Rechnung

Jahresüberschuss
+/– Abschreibungen/Zuschreibungen
+/– Zuführungen/Auflösungen von Rückstellungen
–/+ nicht betriebl. Erträge/Aufwendungen, insb. Buchgewinne aus dem Verkauf von Anlagen
–/+ außerordentliche Erträge/Aufwendungen
–/+ Erhöhung/Verminderung des Umlaufvermögens
+/– Erhöhung/Verminderung des kurzfristigen betriebsbedingten Fremdkapitals (z.B. Lieferverbindlichkeiten)
= **Operativer Cash Flow**
+/– Verkauf/Erwerb von Sachanlagen und immat. Anlagen
+/– Verkauf/Erwerb von Beteiligungen/Finanzanlagen
+/– Verkauf/Erwerb von kurzfristigen Finanzanlagen
= **Cash Flow aus (Des-)Investitionstätigkeit**
+/– Kapitalerhöhungen/-rückzahlungen
Dividendenausschüttungen
+/– Aufnahme/Rückzahlung von Anleihen und Bankkrediten
= **Cash Flow aus Finanzierungstätigkeit**

Summe Cash Flows aus operativer, Investitions- und Finanzierungstätigkeit („Total Cash Flow")
+/– Wechselkursbedingte Veränderungen der liquiden Mittel
+ Liquide Mittel am Jahresbeginn
= **Liquide Mittel am Jahresende**

Gegenstand und Ziele von Corporate Finance 1.1

Finanzkennzahlen nach angelsächsischen und deutschen Rechenstandards

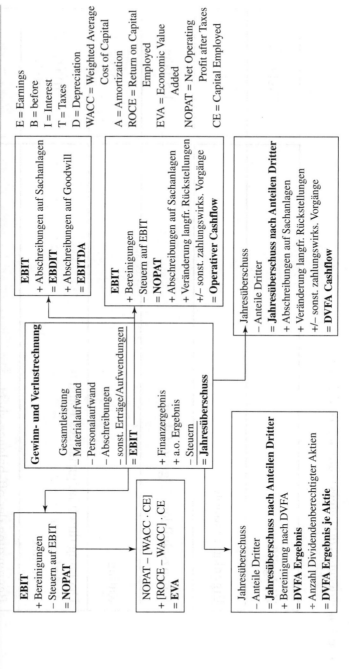

(Quelle: Schneck 2004, S. 13)

Fallbeispiel: Finanzierungsziele eines Automobilzulieferers

Zielgröße	Zielwert
Eigenkapitalquote	25 %
Finanzschulden-Tilgungsfaktor	1,5 Jahre
Rating	AA
Deckung durch langfristiges Kapital – Anlagevermögen – Vorräte	100 % 50 %
Begrenzung der off-balance-sheet Verpflichtungen	

1.2 Rahmenbedingungen

Aktuelle Rahmenbedingungen für die Unternehmensfinanzierung

Rahmenbedingungen für die Unternehmensfinanzierung

- **Steigende Nachfrage nach Risikokapital**
  - Expansion
  - Akquisitionen
  - Kurze Produktlebenszyklen
  - Nachfolgeregelungen

- **Steigendes Angebot an Risikokapital**
  - Professionalisierung der Geldanlage (Asset Management)
  - Strategische Investoren (Private Equity)

- **Restriktivere Kreditvergabe und steigende Risikoprämien**
  - Kreditausfälle
  - Basel II/Rating
  - Höhere Renditeanforderungen der Bankaktionäre

- **Trend vom Commercial zum Investment Banking**
  - Kapitalmarktfinanzierung (z.B. Asset Backed Securities)
  - Zunahme Provisionsgeschäft zu Lasten Kreditgeschäft

- **Zunehmende gesetzliche Anforderungen**
  - Transparenz und Publizität
  - Corporate Governance
  - Risikomanagement

Unternehmen mit schlechter Eigenkapitalausstattung geraten zunehmend unter Druck

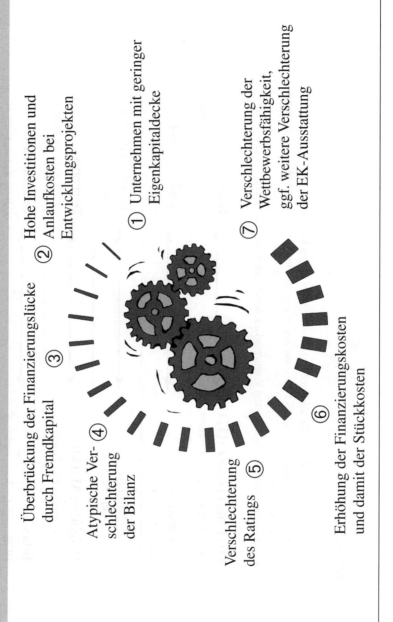

① Unternehmen mit geringer Eigenkapitaldecke

② Hohe Investitionen und Anlaufkosten bei Entwicklungsprojekten

③ Überbrückung der Finanzierungslücke durch Fremdkapital

④ Atypische Verschlechterung der Bilanz

⑤ Verschlechterung des Ratings

⑥ Erhöhung der Finanzierungskosten und damit der Stückkosten

⑦ Verschlechterung der Wettbewerbsfähigkeit, ggf. weitere Verschlechterung der EK-Ausstattung

Finanzmarkt-Klassifikation

- Anlage- und kreditsuchende Marktteilnehmer treffen sich an den Finanzmärkten
- Eine effiziente Organisation des Finanzmarktes ermöglicht einen Austausch des Kapitals zwischen den unterschiedlichen Bedürfnisträgern
- Hinsichtlich der Fokussierung von Finanzmärkten haben sich verschiedene Typen herausgebildet

Over the counter (OTC) ⟷ **Börsen**
(Strukturierte Prod., Devisen)   (Aktien-, Obligationenbörse)

Geldmarkt ⟷ **Kapitalmarkt**
(RLZ < 1 Jahr)   (RLZ > 1 Jahr)

Primärmarkt ⟷ **Sekundärmarkt**
(neue Kontrakte, IPO)   (Handel)

Originäre Märkte ⟷ **Derivative Märkte**
(Basisinstrumente, Underlying)   (abgeleitete Instrumente)

Inlandsmarkt ⟷ **Euromärkte**
(Währung der Jurisprudenz)   (Drittwährung)

(Quelle: Behr u.a. 2002, S. 160)

Kapitalmarktrecht als wesentlicher Handlungsrahmen für Finanzierungsaktivitäten

Begriff des Kapitalmarktrechts: Summe aller Regeln, die der Herstellung und Sicherung eines funktionsfähigen Kapitalmarkts sowie dem Individualschutz der Kapitalanleger dienen

Regelungsziele des Kapitalmarktrechts:
- Herstellung und dauerhafte Sicherstellung funktionierender Kapitalmärkte im Sinne eines institutionellen Anlegerschutzes
- Individueller Anlegerschutz

Wichtige Gesetze des Kapitalmarktrechts:
- Wertpapierhandelsgesetz: Grundregeln für Transaktionen am Kapitalmarkt
- Börsengesetz/Börsenordnung/Börsenzulassungsverordnung: Grundregeln für die Organisation deutscher Börsen sowie für den Handel an deutschen Börsen
- Investmentgesetz: Grundregeln für den gesamten Bereich des Investmentgeschäfts
- Wertpapiererwerbs- und Übernahmegesetz: Grundregeln für öffentliche Angebote zum Erwerb von Aktien/vergleichbaren Wertpapieren einer AG/KGaA
- Verkaufsprospektgesetz/Verkaufsprospektverordnung: Regelungen zur Prospekterstellungspflicht von Emittenten, deren Wertpapiere erstmalig öffentlich angeboten und nicht zum Handel an einer deutschen Börse zugelassen sind

Rahmenbedingungen 1.2

Die Normierungsintensität bezüglich Rechnungslegung und Risikomanagement nimmt zu

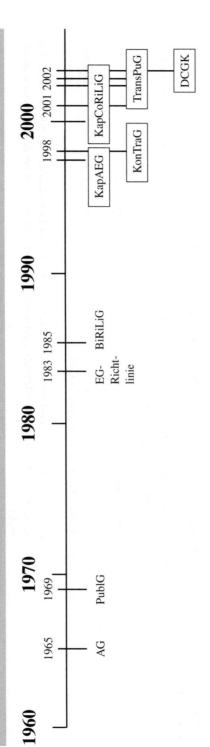

Corporate Governance ist ein positiv besetzter, aber nicht eindeutig definierter Begriff

- Keine allgemein anerkannte Definition des Begriffs „Corporate Governance"

- Nach überwiegendem Verständnis dienen Corporate Governance-Grundsätze der Verwirklichung einer optimalen Unternehmensführung und ihrer Überwachung

- Keine Einigkeit darüber, wann eine gute Corporate Governance vorliegt
  - Weltweit rund 60 Standards und Positionspapiere zu Corporate Governance
  - Breites Spektrum von Einzelthemen
    - Regeln für die Unternehmensführung
    - Regeln für die Überwachung der Unternehmensführung
    - Regeln zum Schutz der Aktionärsrechte
    - Regelungen zur Erhöhung der Transparenz für die Marktteilnehmer
    - Berücksichtigung der Interessen sonstiger Stakeholder
  - Abweichungen und unterschiedliche Gewichtungen im Einzelfall und nach Maßgabe der jeweiligen Rechtsordnung

- Corporate Governance Regeln sind zum überwiegenden Teil im Aktiengesetz enthalten; einige Grundregeln werden im Deutschen Corporate Governance Kodex wiederholt

- Der Deutsche Corporate Governance Kodex wurde von einer von der Regierung eingesetzten Kommission erstellt und am 20.8.2002 veröffentlicht (abrufbar unter www.ebundesanzeiger.de)

Ziele von Corporate Governance

Transparenz:
- Überprüfbares Berichtswesen
- Effektives Steuerungssystem
- Externe und interne Transparenz

Publizität:
- Vertrauenswürdige und schnelle Kommunikation

Kontrolle:
- Einhaltung von Regeln
- Aufdeckung von Ausnahmen
- Übereinstimmung mit Vereinbarungen

Effizienz:
- Effiziente Abschlusserstellung
- Schnelle Erstellung der Jahres- und Zwischenabschlüsse

1.3 Finanzierungsformen

Finanzierungsformen 1.3

Finanzierungsarten im Überblick

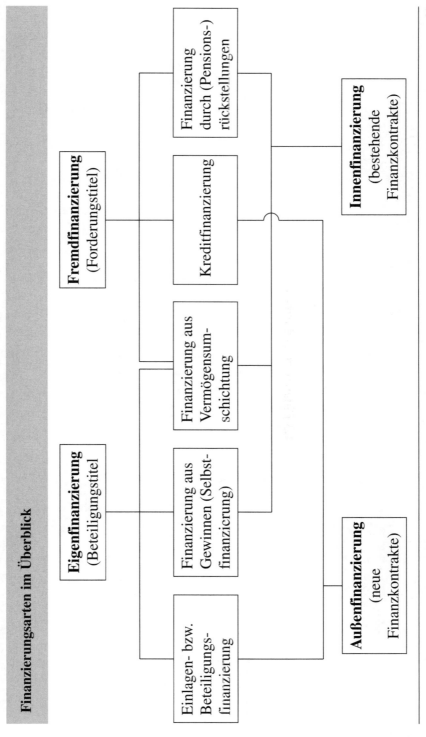

Die Finanzierungsarten und ihre Einordnung in die Bilanz

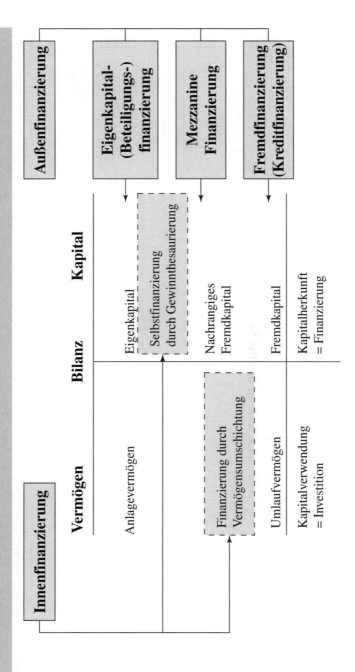

Finanzierungsformen 1.3

1.4 Aufbau des Buches

Aufbau des Buches 1.4

Das vorliegende Werk gliedert sich nachfolgend in sieben Teile

2. Finanzierungsstrategie

| 3. Kapital-beschaffung | 4. Asset Management | 5. Cash Management | 6. Risiko-management |

7. Finanzsysteme und -organisation

8. Finanzmarketing

2. Finanzierungsstrategie

2.1 Wertorientierte Unternehmensführung

Grundregeln und Anwendungsbereiche des Wertmanagement

Grundregeln für eine wertorientierte Unternehmensführung:

- Wachstum/Investition ist nur dort sinnvoll, wo positive Beiträge zum Unternehmenswert erzeugt werden (Projektrendite > Kapitalkosten)
- Wertreduzierende Geschäfte (Rendite < Kapitalkosten) erhalten nur dann Investitionsmittel, wenn die Restrukturierung mindestens zur Marktrendite führt
- Weitere Investitionen erhalten nur die Geschäfte, die ihre Kapitalkosten verdienen
- Nachhaltig wertreduzierende Geschäfte ohne strategische Relevanz/Perspektive sollten desinvestiert, verkauft oder in Partnerschaften eingebracht werden

Anwendungsbereiche des Wertmanagements:

- Portfoliostrategien (Fokussierung, IPO, Desinvestment etc.)
- (Investitions) Entscheidungen werden auf der Basis von Kapitalkosten bzw. kapitalmarktorientierten Kriterien getroffen
- Finanzkommunikation (z.B. Geschäftsberichte, Investor Relations) stark auf Wertsteigerung als Ziel ausgerichtet

Instrumente der wertorientierten Unternehmensführung

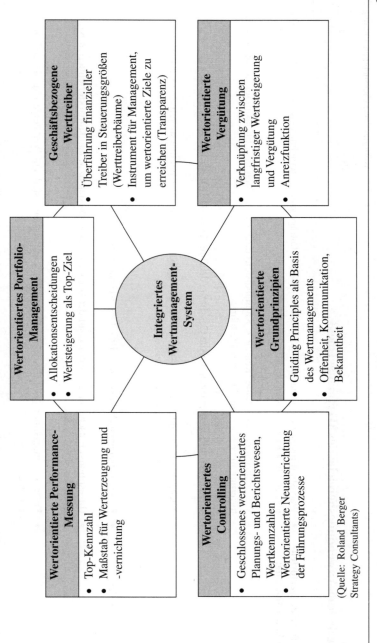

(Quelle: Roland Berger Strategy Consultants)

Entwicklung der Steuerungssysteme der Unternehmensführung

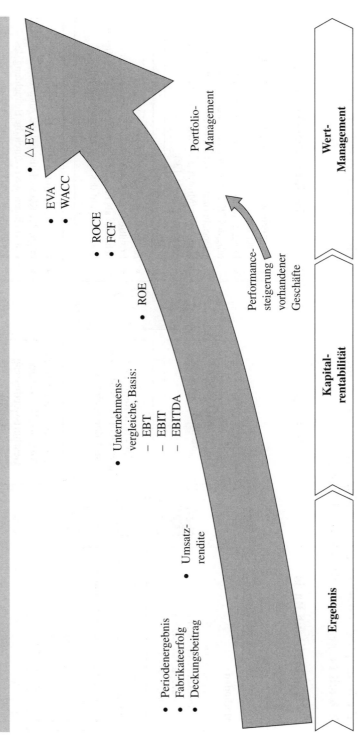

(Quelle: Middelmann 2004, S. 108)

Wertorientierte Unternehmensführung 2.1

Die Konzepte des wertorientierten Managements haben die gleiche theoretische Basis, gehen jedoch unterschiedlich mit Fragen der Performance-Messung um

Theoretische Basis

Methoden
- Methoden der Investitionsrechnung
- Konzepte der Kapitalmarkttheorie

Inhalte
- Informationen der Rechnungslegung
- Operative Planung
- Strategische Planung
- Anreizsysteme

Konzept

Discounted Cashflow-Methode (DCF)

Cash flow Return on Investment (CFROI) bzw. Cash Value Added (CVA)

Economic Value Added-Methode (EVA) bzw. Geschäftswertbeitrag (GWB)

Performance-Messung

- Unternehmenswert als Kapitalwert zukünftiger Cashflows
- Leistungsmaß z.B. nach Rappaport die Veränderung des DCF (Shareholder Value Added, SVA, entspricht ökonomischem Gewinn), nach Copeland/Koller/Murrin periodischer Residualgewinn (Economic Profit, EP)

- Keine direkte Unternehmensbewertung
- Ermittlung der Rentabilität des Gesamtunternehmens als interner Zinsfuß der erwirtschafteten Cashflows auf das eingesetzte Vermögen

- Keine direkte Unternehmensbewertung
- Impliziter Rückschluss auf die Änderung des Unternehmenswerts durch die Betrachtung des Residualgewinns (EVA) einer Periode

(vgl. Weißenberger 2003, S. 237)

Das DCF-Konzept

Der Unternehmenswert als diskontierter Barwert des freien Cash-flows berücksichtigt wesentliche Einflussfaktoren

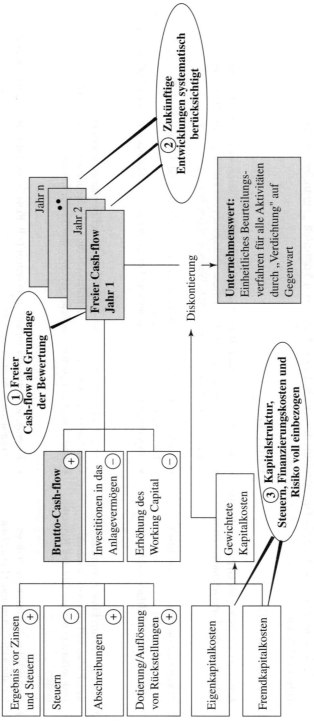

(Quelle: McKinsey)

Der diskontierte Cash-flow als Unternehmenswert hat eine Reihe von Vorteilen gegenüber statischen Renditegrößen

CHARAKTERISTIKA	VORTEILE
1 Künftiger Cash-flow als Grundlage für die Ermittlung des Unternehmenswertes	• Brutto Cash-flow (nach Steuern) steht für Ausschüttung/Reinvestition zur Verfügung • Keine Verzerrung durch buchhalterische Maßnahmen und kalkulatorische Ansätze im Rahmen der Rechnungslegung (AfA, Wertberichtigungen)
2 Zukunftserwartungen systematisch berücksichtigt durch Projektion und Diskontierung künftiger Zahlungsströme	• Durch Projektion sämtlicher bewertungsrelevanter Größen und des Endwerts keine Vernachlässigung langfristiger Auswirkungen • Angemessene Gewichtung zukünftiger Erträge durch Auswahl eines geeigneten Diskontfaktors
3 Kapitalstruktur, Finanzierungskosten und Risiko voll einbezogen durch Diskontierung der gewichteten Kapitalkosten	• Volle Einbeziehung der Passiv-Seite der Bilanz in Bewertungsprojektion • Differenzierte Erfassung von Kapitalkosten für unterschiedliche Gesellschaften/SGEs/BUs • Berücksichtigung unterschiedlicher geschäftsspezifischer Risiken
4 Einheitliches Bewertungsverfahren für alle Aktivitäten und Alternativen	• Heterogene Aktivitäten einheitlich bewertbar (z.B. Einzelmaßnahmen, Investitionsprojekte, Akquisitionen, Marktstrategien) • Systematisches Denken in Alternativen erleichtert

(Quelle: McKinsey)

Wertorientierte Unternehmensführung 2.1

Der Kapitalkostensatz berücksichtigt die Kapitalstruktur und die Verzinsungserwartungen der Kapitalgeber

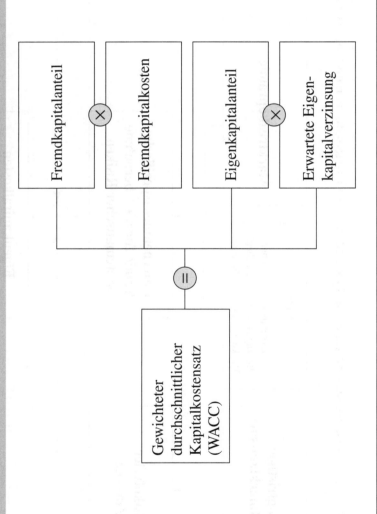

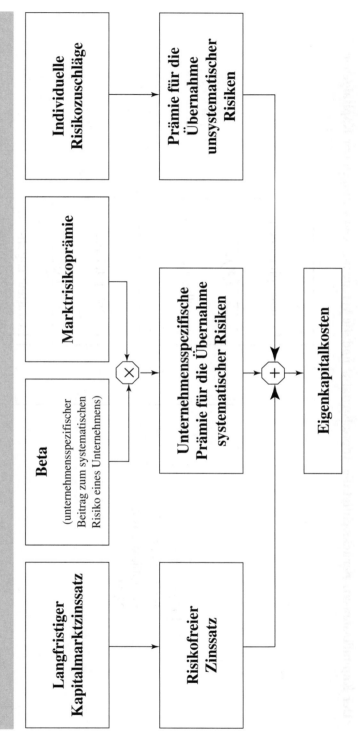

(Quelle: KPMG)

Bestimmungsfaktoren der systematischen Risiken eines Unternehmens

Art der Geschäftstätigkeit

- Gehört das Unternehmen einer Branche an, die in besonderem Maße konjunkturabhängig ist, wird das unternehmensspezifische systematische Risiko über den systematischen Risiken des Marktes liegen
- Zyklische Unternehmen haben i.d.R. höhere Betas

Investitionsrisiko (operating leverage)

- Das Investitionsrisiko ist abhängig von der individuellen Kostenstruktur eines Unternehmens
- Unternehmen, die ein hohes Verhältnis von fixen Kosten zu ihren Gesamtkosten aufweisen, sind i.d.R. risikoreicher als Unternehmen, deren Kosten im wesentlichen variabel sind

Kapitalstrukturrisiko (financial leverage)

- Eine hohe Verschuldung erhöht die systematischen Risiken eines Unternehmens gegenüber dem Gesamtmarkt
- Zinszahlungen erhöhen die Ertragsvolatilität bei Konjunkturschwankungen

(Quelle: KPMG)

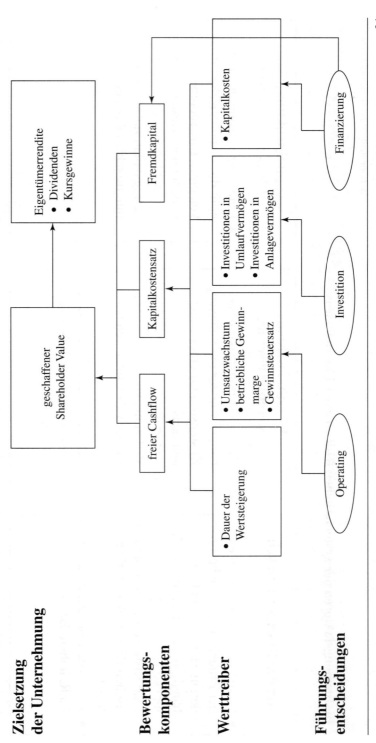

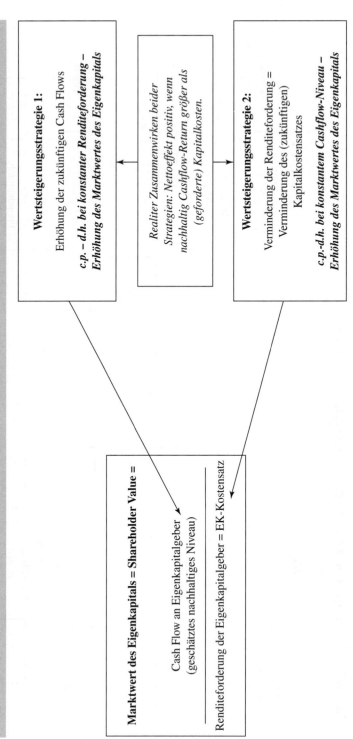

(Quelle: Arbeitskreis „Finanzierung" der Schmalenbach-Gesellschaft 2003, S. 524)

Shareholder Value als interner und externer Bewertungsmaßstab

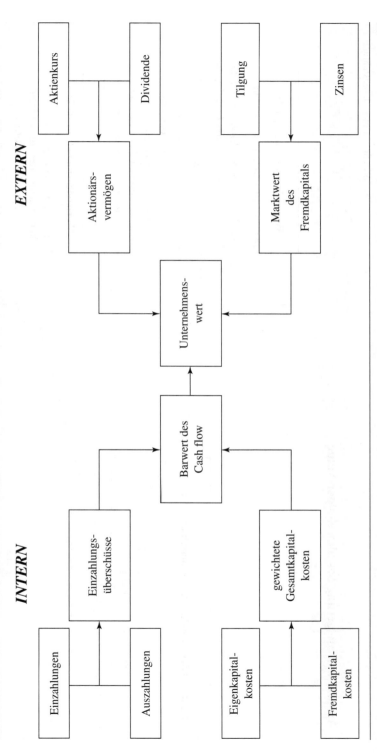

Fallbeispiel: Geschäftswertbeitrag (GWB) der Siemens AG

GWB = Geschäftsergebnis − Geschäftsvermögen × Kapitalkostensatz

Geschäftsergebnis	Geschäftsvermögen	Kapitalkostensatz
EBIT	EBIT-Vermögen	WACC (der Bereiche)
+ Finanzadjustments	+ Finanzadjustments	
= Geschäftsergebnis vor Steuern (NOP)	**= Geschäftsvermögen des Jahres**	
− Steuern auf NOP bereinigt um Beteiligungseffekte[1]	… Durchschnittsbildung …	
= Geschäftsergebnis nach Steuern (NOPAT)	**= durchschn. Geschäftsvermögen**	
[1] Pauschaler Steuersatz für NOPAT und WACC 35 %	Das EBIT-Vermögen entspricht der Summe der Aktiva eines Bereichs abzüglich der nicht verzinslichen Verbindlichkeiten	

(Quelle: Scherkamp 2003)

Investitionscontrolling als Element wertorientierter Unternehmensführung

- Unternehmensstrategie
- Mittelfristige Investitionsplanung
- Investitionsbudget

Umsetzung einzelner Investitionsprojekte in der Verantwortung der operativen Einheiten

Zielvereinbarung:
- Investitionsvolumen
- Cash-flow-Ergebnis
- Prüfung auf Budgetkonformität

Investitionsnachkontrolle
- Soll-Ist-Vergleich Investitionsvolumen
- Soll-Ist-Vergleich Cash-flow Ergebnis

Prüfung auf Strategiekonformität

Aufbau eines wertorientierten Kennzahlensystems

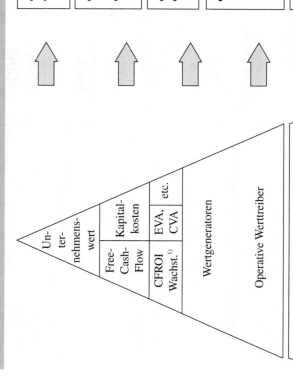

- Oberziel: Steigerung des Unternehmenswertes
- Unternehmenswertberechnung nach einem Kapitalwertverfahren (Methodik der Investitionsrechnung)

- Unternehmenswert wird beeinflusst durch Free-Cash-Flow- und Kapitalkosten
- Je nach Methodik Verwendung von Messgrößen wie CFROI, CVA, EVA ...

- Wertgeneratoren verknüpfen Kosten-, Leistungs- und Kapitaleinflüsse
- Mögliche Wertgeneratoren: Umsatzwachstum, Umsatzrentabilität, Netto-Investitionsrate, Fremd- und Eigenkapitalzinssatz, etc.

- Geschäftsspezifische „Treiber" des Wertes, bspw.
  - Hitrate „Angebot vs. Auftragsvergabe" im Maschinenbau
  - ∅ Verweildauer im Verkaufsregal pro Produkt im Lebensmittel-Einzelhandel
  - etc.

- Meilensteine (Zwischenziele) konkreter Programme bzw. Maßnahmen
- Meilensteine verfügen zumeist über eine messbare Auswirkung auf operative Werttreiber

[1] Wachstum der Kapitalbasis

(Quelle: Knorren 1997, S.206)

Der Wertsteigerungshebel „Benötigtes Kapital" bedeutet Beschränkung von Anlage- und Umlaufvermögen auf das betriebsnotwendige Minimum

AKTIVA

- Immobilien
- Sachanlagen
- Vorräte
- Forderungen
- Flüssige Mittel

PASSIVA

- Lieferantenverbindlichk.
- Kurzfristige Verbindlichk.

Immobilien / Sachanlagen:
- Betriebsnotwendigkeit
- Überkapazitäten
- Nutzung der vorhandenen Kapazitäten

Vorräte:
- Abbaufähige Bestandsreichweiten
- Ladenhüter

Forderungen:
- Zahlungskonditionen
- Überfällige Forderungen

Flüssige Mittel:
- Genauigkeit der Disposition

Lieferantenverbindlichkeiten:
- Weitergabe des Marktdruckes auf Lieferanten

Kurzfristige Verbindlichkeiten:
- Differenzierter Einsatz von Zahlungsinstrumenten

Immobilienbestände

- Immobilienbestände bieten häufig ein hohes Optimierungspotenzial

- Neben der Kapitalbindung sind Erträge und Kosten zu betrachten

- Je länger die Immobilien bereits im Bestand sind, desho höher liegt tendenziell der Verkehrswert über dem Buchwert. Bei eigengenutzten Immobilien teilweise Fehlsteuerung durch nicht marktgerechte Verrechnungspreise, die sich an den Kosten oder „politischen" Zielen orientieren

- CRE (= Corporate Real Estate)-Management bzw. Immobilienmanagement umfasst
  - Portfolio-Management
  - operatives Management
  - Organisation und Steuerung

Immobilien-Management setzt an den Hebeln des Shareholder Value an

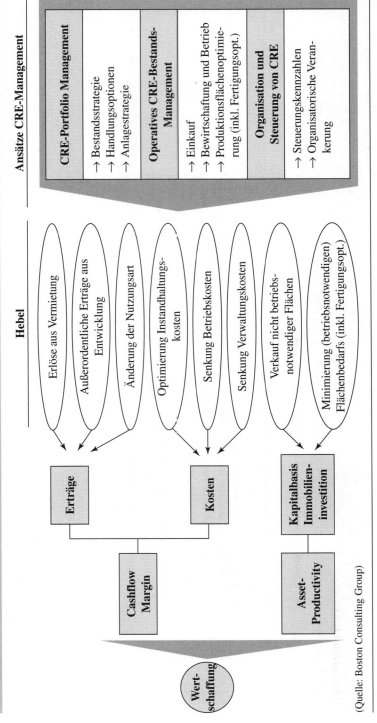

(Quelle: Boston Consulting Group)

Portfolio-Handlungsalternativen im Rahmen des Immobilien-Managements

- Halten
- Modernisieren
- Instandsetzung
- Vermietung an Dritte
- Sell & Lease Back
- Fremdanmietung
- Verkauf
- Abriss/Verkauf Grundstück
- Abriss/Development
- Development/Verdichtung

Eine Verwertungsstrategie ist entlang einer mehrstufigen Filterlogik zu entwickeln

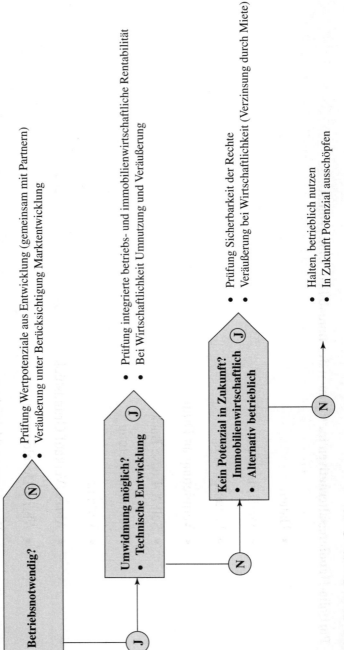

(Quelle: Boston Consulting Group)

Die Hauptgründe für überhöhtes Vorratsvermögen lassen sich in vier Kategorien einteilen, aus denen ... (1)

Unausgeglichene Struktur der Bestände	Ungenügende Planungs- und Kontrollinformationen
VORRATSVERMÖGEN	
Abbaufähige Zeitverzögerungen und Sicherheitspuffer	Nicht abgestimmte Funktionalstrategien und ineffiziente Entscheidungsregeln

... sich zahlreiche Ansatzpunkte zur Senkung des Vorratsvermögens ableiten lassen (2)

VORRATSVERMÖGEN

- Unausgeglichene Struktur der Bestände
- Ungenügende Planungs- und Kontrollinformationen
- Nicht abgestimmte Funktionalstrategien und ineffiziente Entscheidungsregeln
- Abbaufähige Zeitverzögerungen und Sicherheitspuffer

- Bereinigung der Produktpalette
- Abbau von Ladenhütern
- Zentralisierung von Beständen
- Standardisierung von Spezifikationen
- Abbau von Sicherheitsbeständen

- Erhöhung der Genauigkeit in der Absatzplanung
- Verbesserung der Kontrollinformationen
- Verbesserung der Qualität der Bestandsinformationen

- Verringerung von Losgrößen
- Aktualisierung von Planmaßnahmen
- Verfeinerung der Disposition
- Anpassung der Wertschöpfungsstufen

- Abbau der Zeitverzögerungen bei einzelnen Produktionsstufen
- Abbau der Zeitverzögerungen bei der Informationsverarbeitung und -weitergabe
- Abbau von zeitlichen Sicherheitspuffern

2.2 Kapitalstruktur

Eigenkapital und Fremdkapital im Vergleich

	Eigenkapital	Fremdkapital
Rechtsverhältnis	Beteiligungsverhältnis	Schuldverhältnis
Haftung	Je nach Rechtsform mindestens in Höhe der Einlage	keine
Vermögen	Anteil am Unternehmenswert	Anspruch auf Rückzahlung und Verzinsung des eingesetzten Kapitals
Entgelt	Anteil am Gewinn bzw. Verlust	Festzinsanspruch
Mitbestimmung	Grundsätzlich Mitbestimmungsrechte, Begrenzung möglich	keine Mitbestimmungsrechte, z.T. faktischer Einfluss
Verfügbarkeit	Zeitlich unbegrenzt verfügbar (teilweise kündbar)	Zeitlich begrenzt verfügbar
Steuern	EK-Zinsen steuerlich nicht absetzbar, Gewinne werden besteuert	FK-Zinsen steuerlich als Aufwand absetzbar
Interesse	Erhalt des Unternehmens	Erhalt des eingesetzten Kapitals

Renditeforderungen der Fremd- und Eigenkapitalgeber im Vergleich

- Die Renditeforderung der Eigenkapitalgeber liegt wegen des höheren Risikos auf einem höheren Niveau als die der Fremdkapitalgeber
- Mit zunehmender Fremdverschuldung steigen bei beiden Kapitalgebern die Renditeforderungen

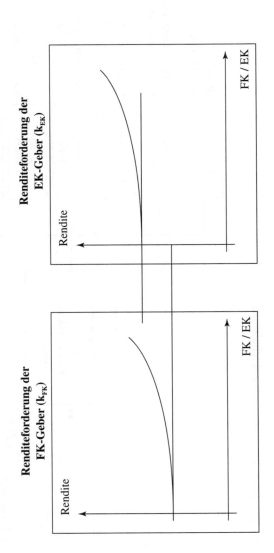

Renditeforderung der FK-Geber (k_{FK})

Renditeforderung der EK-Geber (k_{EK})

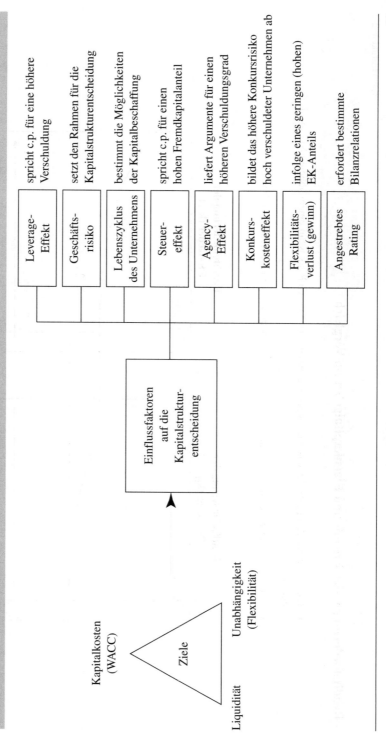

Optimale Kapitalstruktur

Wert der Unternehmung
Kapitalkosten

- Mit zunehmendem Verschuldungsgrad steigen – infolge des höheren Risikos – die Kreditkosten (k_{FK}) und Eigenkapitalkosten (k_{EK}) an.

- Sofern $k_{FK} < k_{EK}$, können ausgehend von einem unverschuldeten Unternehmen durch Hinzunahme von Fremdkapital die durchschnittlichen Kapitalkosten (k) gesenkt werden.

- Da die Kosten beider Kapitalformen mit zunehmendem Verschuldungsgrad ansteigen, gibt es einen Punkt mit den minimalen durchschnittlichen Kapitalkosten. Ceteris paribus ist hier auch der Unternehmenswert W maximal.

- Es gibt somit einen optimalen Verschuldungsgrad (Leverage), weil die Gesamtkapitalkosten von der Kapitalstruktur abhängen (vgl. Behr u.a. 2002, S. 152)

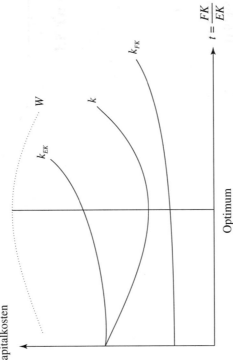

Optimum

Zur Sicherstellung einer angemessenen Eigenkapital-Quote ist grundsätzlich ein Abgleich zwischen Wachstum, Rendite und Kapitalbindung vorzunehmen

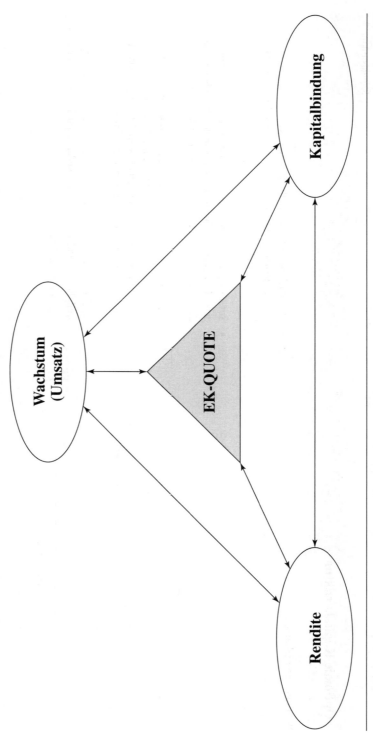

Kapitalstruktur 2.2

Das Geschäftsrisiko setzt den Rahmen für die Kapitalstrukturentscheidung

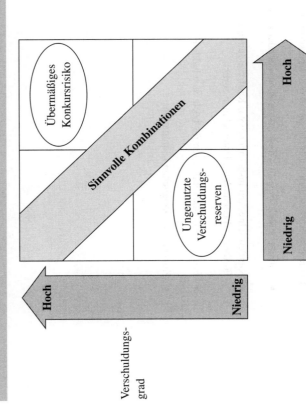

- Der gewählte Verschuldungsgrad muss dem Charakter des Geschäftes Rechnung tragen.

- Bei hohem Geschäftsrisiko (z.B. stark zyklische Geschäfte mit hohem Fixkostenanteil) würde eine hohe Verschuldung ein übermäßiges Konkursrisiko nach sich ziehen.

- Bei niedrigem Geschäftsrisiko (z.B. stabile, regelmäßige Cash-flows) würde eine niedrige Verschuldung Möglichkeiten, die Kapitalkosten zu senken, ungenutzt lassen.

(Quelle: Coenenberg/Salfeld 2003, S. 180)

Das bei hoch verschuldeten Unternehmen höhere Konkursrisiko wird in effizienten Märkten in Form von (antizipierten) Konkurskosten berücksichtigt

Mögliche Ausprägungen der (antizipierten) Konkurskosten

- Umsatz- und Ertragseinbußen aufgrund anhaltender Geschäftsunsicherheit

- Kunden schrecken insbesondere vor Kauf von längerfristig genutzten Konsum- und Investitionsgütern von einem im Fortbestand gefährdeten Unternehmen zurück

- Erhöhte Fremdkapitalkosten für hoch verschuldete Unternehmen führen zu einer Steigerung der Konkurswahrscheinlichkeit

- Kosten einer möglichen Liquidation

(vgl. Coenenberg/Salfeld 2003, S. 184)

Kapitalstruktur 2.2

Der Steuereffekt (Tax Shield of Debt) spricht für einen höheren Verschuldungsgrad

(in Euro)	Unternehmen A	Unternehmen B
EBIT	1.000	1.000
− Zinsaufwand (FK-Geber)	**0**	**80**
= Ergebnis vor Steuern	1.000	920
− Gewinnsteuer (35 %)	350	322
= Ergebnis nach Steuern (EK-Geber)	**650**	**598**
Gesamteinkommen Kapitalgeber	**0 + 650 = 650**	**80 + 598 = 678**

- Gezahlte Fremdkapitalzinsen reduzieren das Vorsteuerergebnis und als Folge auch die Ertragsteuer
- Durch eine Erhöhung des Fremdkapitalzu Lasten des Eigenkapitalanteils können profitable Unternehmen somit ihre Steuerbelastung mindern.
- Dividenden können hingegen nur aus dem bereits versteuerten Jahresüberschuss ausgeschüttet werden.

Der Steuersenkungseffekt des Fremdkapitals wirkt nur bei positiven Einkünften

(Quelle: Coenenberg/Salfeld 2003, S. 181)

Kapitalstruktur 2.2

Der Agency-Effekt liefert Argumente für einen höheren Verschuldungsgrad

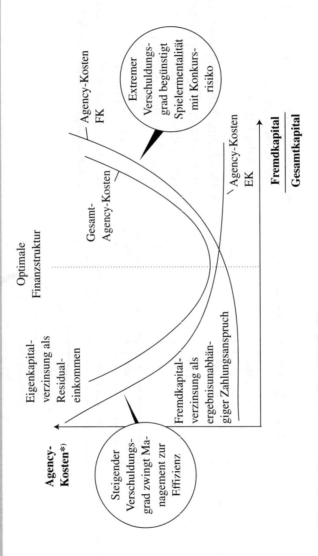

*) Annahme: Management ohne Eigenkapitalbeteiligung

(Quelle: Coenenberg/Salfeld 2003, S. 183)

Der Flexibilitätsverlust infolge eines (zu) geringen Eigenkapitals spricht für einen höheren Eigenkapitalanteil an der Kapitalstruktur

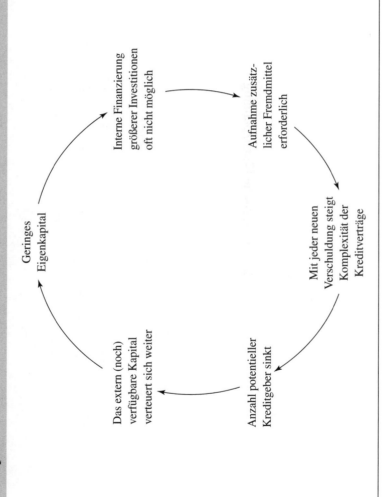

2.3 Strategische Finanzplanung

Formen der Finanzplanung

- **Cash-Management** — 0 – 30 Tage — kurzfristig
- **Rollierende Liquiditätsplanung** — 1 – 12 Monate — mittelfristig
- **Kapitalbedarfsplanung** — 1 – 5 Jahre — mittelfristig
- **Strategische Finanzplanung** — > 5 Jahre — langfristig

Formen der Finanzplanung

Strategische Finanzplanung 2.3

Formen der Finanzplanung und ihre Einbindung in die Unternehmensplanung

Finanzmanagement

Cash Management Liquiditätsplanung	Operative Liquiditäts- und Finanzplanung	Strategische Finanzplanung
Valutenbezogene Feinabstimmung der Ein- und Auszahlungen Liquiditäts- – vorausschau – kontrolle – planung	Monats-, quartals- und jahresgenaue Ermittlung von: – Liquidität – Erfolg – Kapital – Bilanz	Mehrjährige Ermittlung von – Liquidität – Erfolg – Kapital – Bilanz
kurzfristig	kurz-/mittelfristig	langfristig

Finanzplanbasis

Unternehmensplanung

Teilpläne
Umsatzplan
Personalplan
Materialplan
Investitionsplan

Finanz- und Rechnungswesen
Bilanz/GuV-Rechnung
Geldflussdaten
Betriebswirtschaftliche Auswertungen

Die Finanzierungsstrategie ist entlang von Leitplanken auszurichten

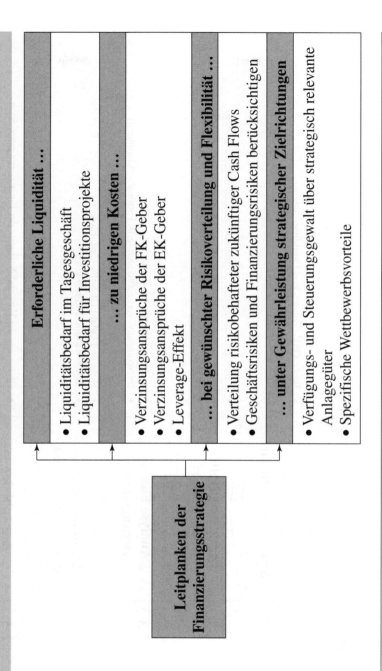

Erforderliche Liquidität …
- Liquiditätsbedarf im Tagesgeschäft
- Liquiditätsbedarf für Investitionsprojekte

… zu niedrigen Kosten …
- Verzinsungsansprüche der FK-Geber
- Verzinsungsansprüche der EK-Geber
- Leverage-Effekt

… bei gewünschter Risikoverteilung und Flexibilität …
- Verteilung risikobehafteter zukünftiger Cash Flows
- Geschäftsrisiken und Finanzierungsrisiken berücksichtigen

… unter Gewährleistung strategischer Zielrichtungen
- Verfügungs- und Steuerungsgewalt über strategisch relevante Anlagegüter
- Spezifische Wettbewerbsvorteile

Leitplanken der Finanzierungsstrategie

Strategische Finanzplanung 2.3

Fünf Schritte zur Entwicklung der Finanzierungsstrategie

1. Ermittlung Brutto-Finanzbedarf
- Basis: GuV-, Bilanz- und Liquiditätsplanung
- Sensitivitäts- und Risikoanalyse

2. Ermittlung Netto-Finanzbedarf
- GuV-Optimierung (z.B. Umsatzsteigerung, Kostensenkung)
- Asset-Management (z.B. nicht betriebsnotwendiges AV)
- Working Capital-Management

3. Analyse Finanzierungsstatus
- Vertragsbedingungen, Tilgungsplan
- Sicherheiten und ihre Rangfolge
- Intercompany-Verflechtungen (z.B. Patronatserklärungen)

4. Bestimmung Zielstruktur Passivseite
- Höhe und Volatilität Netto-Cash Flow
- Benchmarking Wettbewerber
- Rating- und Kapitalkostenziele

5. Auswahl der Finanzierungsoptionen
- Bewertung der Vor- und Nachteile der Finanzierungsoptionen
- Definition Anforderungsprofil an Finanzpartner

Strategische Finanzplanung 2.3

Einbindung der strategischen Finanzplanung in die Unternehmensplanung

Umweltanalyse
- Globale Umwelt
- Wettbewerbsumwelt

Unternehmensanalyse
- Spezifisches Unternehmen

SWOT-Analyse

- Gefahren/Gelegenheiten → Marktattraktivität
- Stärken/Schwächen → Wettbewerbsposition
- Chancen/Risiken → Erfolgsfaktoren

Herausforderung in der Praxis: Konsistente Verbindung der strategischen Analyse mit der Finanzplanung

GuV-Planung	Bilanzplanung	Finanzplanung	Weitere Restriktionen
• Werttreiber • Ertrags- und Aufwandskomponenten	• Anlagevermögen • Investitionen • Working Capital	• Liquiditätsplanung • Kreditplanung • Ausschüttungsplanung	• Steuerliche, • Rechtliche und • Bilanzpolitische Fragen

Integrierte GuV, Bilanz- und Cashflow-Planung erforderlich

(vgl. KPMG)

Strategische Finanzplanung 2.3

Der Finanzierungsstatus umfasst die vollständige Transparenz über die gegenwärtigen Verbindlichkeiten bei allen Gläubigern

Analysefelder	Vorgehensweise
Kreditübersicht	Analyse aller aktuellen Kreditverträge nach festgelegtem Analyseraster und Bewertung
Eigen- und Fremdkapitalgeber	Analyse von Eigenkapital, konzerninternen Finanzierungen, Kundenkrediten und außerbilanziellen Finanzierungen (z.B. Leasing)
Tilgungsplanung	Erstellung Tilgungsplanung zur Einbindung in Liquiditätsplanung (ggf. Optionen)
Sicherheitenstruktur	Analyse der Aktiva auf noch verwertbare Assets bzw. sonstige Besicherungsmöglichkeiten (z.B. Bürgschaften)
Bilanzstrukturanalyse	Analyse der Passiva bzgl. Fristigkeit und Darstellung der Finanzierung der Aktiva

Strategische Finanzplanung 2.3

Bestimmung der Ziel-Bilanzstruktur

Ist-Bilanz			Vorgehensweise/Ermittlungsmethoden	Ziel-Bilanz		
AKTIVA	**PASSIVA**		Netto-Cash Flow:	**AKTIVA**	**PASSIVA**	
Anlagevermögen	Eigenkapital		Strukturierung des Netto-Cash Flows nach Höhe und Qualität zur Ermittlung des maximalen Fremdkapitalanteils	Anlagevermögen	Eigenkapital	
	Langfristige Darlehen				Langfristige Darlehen	
Umlaufvermögen	Kurzfristige Verbindlichkeiten		Benchmarking: Vergleich mit effizient strukturierten Unternehmen unter Berücksichtigung von Strategie, Produktportfolio, Finanzrahmen etc.	Umlaufvermögen	Kurzfristige Verbindlichkeiten	
			Ziel-Rating: Top-down oder bottom-up-definiertes Ziel-Rating			
Summe	Summe			Summe	Summe	

(Quelle: Droege)

Strukturierungsmöglichkeiten auf der Passivseite (Überblick Finanzierungsinstrumente)

Eigenkapital	Fremdkapital	
Seed Capital	Genussschein	Kredite/Strukturierte Kredite
Venture Capital	Stille Beteiligung	Anleihen/Kapitalmarktprodukte
Private Equity	Nachrangdarlehen	Cash Flow-basierte Kredite
Strategische Partnerschaft	Partiarisches Darlehen	Off-Balance Sheet-Finanzierung
Initial Public Offering	Wandel-/Optionsanleihen	Asset Backed-Finanzierung
...	...	...

Strategische Finanzplanung 2.3

Bewertung und Auswahl der Finanzierungsinstrumente

Ziel-Bilanzstruktur

Präferenzen Unternehmen/ Gesellschafter

Zusammenstellung potenzieller Finanzierungsinstrumente

▲

Bewertung der Vor- und Nachteile

Systematische Vorauswahl auf Basis von K.-o.-Kriterien

▲

Festlegung/Gewichtung eines Kriterienkatalogs

Feinselektion mittels Scoring-Modell

▲

Identifikation geeigneter Anbieter

Professionelle Ansprache

Steckbrief Finanzierungsinstrumente → **Long List Finanzierungsinstrumente** → **Short List Finanzierungsinstrumente** → **Masterplan und Umsetzung**

(Quelle: Droege)

Fallbeispiel: Wertbeitrag der strategischen Finanzplanung bei Voestalpine

- Ergänzung des Vorschauhorizontes der aktivseitigen strategischen Planung um eine strategische Finanzplanung der Passivseite
  → strategische Ziele der Aktivseite verlangen nach strategischer Ausrichtung der Passivseite

- Berücksichtigung der Risikokomponente
  → Mögliche Szenarien der Unternehmensentwicklung (Risikoauswirkungen) beeinflussen nicht nur Struktur der Aktivseite, sondern auch zukünftigen Finanzbedarf

- Der strategische Finanzplanungsprozess basiert auf drei Bausteinen:

Passiv-Modell

Strukturierung in
- **quantitativer** (Deckung Finanzbedarf) und
- **qualitativer Hinsicht** (Fristen- und Risikokongruenz)

Berücksichtigung Risiko durch Szenarienbildung

Aktiv-Modell
- **Verlängerung** der MIP (Organisches Wachstum)
- **Erweiterung** Portfolio (Akquisitionen)

(Quelle: Reisetbauer)

Strategische Finanzplanung 2.3

Fallbeispiel: Überblick über Gesamtmodell der strategischen Finanzplanung bei Voestalpine

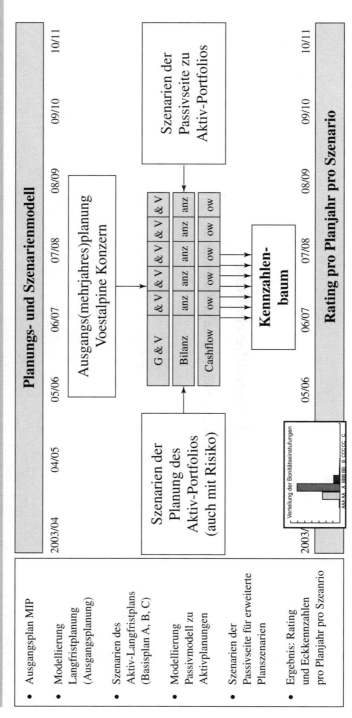

- Ausgangsplan MIP
- Modellierung Langfristplanung (Ausgangsplanung)
- Szenarien des Aktiv-Langfristplans (Basisplan A, B, C)
- Modellierung Passivmodell zu Aktivplanungen
- Szenarien der Passivseite für erweiterte Planszenarien
- Ergebnis: Rating und Eckkennzahlen pro Planjahr pro Szeanrio

(Quelle: Reisetbauer)

3. Kapitalbeschaffung

3.1 Ratings, Sicherheiten und Covenants

Rating

Definition:
- Ein Rating ist eine unabhängige Meinung über die künftige Fähigkeit eines Kreditnehmers oder Emittenten zur termingerechten Erfüllung von Zins- und Tilgungsverpflichtungen

Gegenstand:
- Es kann entweder für eine Wirtschaftseinheit oder ein Schuldinstrument (z.B. Anleihe oder Kredit) erteilt werden

Kredit-Ratings stellen die „echten", nachhaltig erzielbaren Cash-flows und ...

„Echte Gewinne"

Bereinigung des ausgewiesenen Betriebsergebnisses um
- Rückstellungspolitik (Zuführungen/Auflösungen)
- Erträge/Verluste aus Anlageabgängen
- Beteiligungsergebnisse

Ergebnisqualität

Analyse und Bewertung
- der Art des Einkommens
- des Ergebnisanteils der einzelnen Sparten
- der Höhe und Stabilität der Betriebsmargen
- der Konjunkturabhängigkeit des Absatzes
- des Anteils von Fest-/Rahmenverträgen am Absatzvolumen

Cash-flow statt Buchgewinn

- Einbeziehung des Bedarfs an Working capital in die Rating-Analyse
- Bereinigung um bedeutende „Nicht-Cash" Aufwendungen

… die „wirklichen" Schulden in den Mittelpunkt der quantitativen Analyse

Stichtags- versus Durchschnittswerte

- Verschuldung zum Bilanzstichtag stellt lediglich Stichprobe dar
- Deshalb zusätzlich Analyse der Leasingverpflichtungen und Schwankungen der kurzfristigen Verbindlichkeiten während des Geschäftsjahres
- Sonstige betriebliche Aufwendungen für Leasingkosten und Zinsaufwendungen als Probegröße für Schwankungen

Verschuldung/Cash-flow

- Eigenkapitalquote für Messung der künftigen Zahlungsfähigkeit ungeeignet
- Verschuldung/Cash-flow drückt aus, wie viele Jahre benötigt werden, um die Verbindlichkeiten aus dem Cash-flow zu tilgen
- Philosophie: Bilanzwerte helfen grundsätzlich nicht, wenn kein Cash-flow vorhanden ist

Alle Verschuldungsarten

Alle Formen der Verschuldung werden einbezogen
- Rückgriffsrecht
- Außerbilanzielle Finanzierung
- Beteiligungen/assoziierte Unternehmen

(vgl. Hunter 2002)

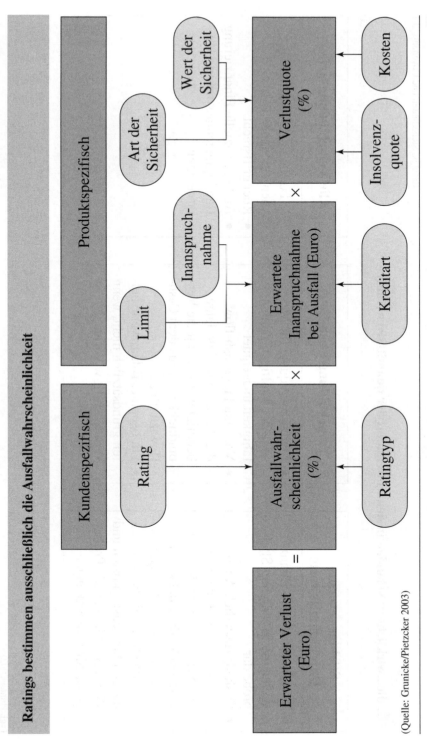

(Quelle: Grunicke/Pietzcker 2003)

Ratingfunktionen im Finanzmanagement von Emittenten

Informationsfunktion	• Unternehmensspezifische Stellung in der Risikostruktur • Kapitalkostensätze • Leistungs- und finanzwirtschaftliche Situation (Benchmarking)
Gestaltungsfunktion	• Risikoadäquates Pricing von Neuemissionen (Anleihen, Aktien) • Erschließung internationaler Kapitalmärkte (finanzielle Flexibilität) • Erhöhung von Liquidität und Marktfähigkeit
Supplementfunktion	• Kommunikationsinstrument im Finanzmarketing • Verbesserung der wahrgenommenen Bonität durch Imagewirkungen • Schützender Filter • Stärkere Verhandlungsposition gegenüber anderen Kapitalgebern
Stabilisierungsfunktion	• Verstetigung zu gewährender Bonitätsrisikoprämien • Homogenisierung von Anlegererwartungen • Reduktion von Kurspflegekosten
Offenlegung und Zertifizierung	• Rating als Signalinstrument • Zertifizierung durch unabhängige Drittinstanz • Senkung von Misstrauenszuschlägen in den Kapitalkosten

(Vgl. Heinke/Steiner 2000, S. 140)

Basel II erlaubt zwei Ratingansätze

Externes Rating

Internal Rating Based-Ansatz

Unternehmen werden durch aufsichtsrechtlich anerkannte externe Agenturen geratet

- Gebühren für Unternehmen
- Urteil wird veröffentlicht
- Für Kapitalmarkttransaktionen zwingend erforderlich
- Jährliche Updates
- „Through-the-cycle"-Urteil
- „Standard-Ansatz"

Rating durch die Kreditinstitute

- Kostenfrei für Unternehmen
- Wird nicht publiziert
- Vor jeder Kreditvergabe aufsichtsrechtlich vorgeschrieben
- Jährliche bzw. sogar unterjährige Updates
- „Point-in-time"-Urteil
- „Foundation-"/„Advanced-IRB-Ansatz"

Unterschiede zwischen bankinternem und externem Rating

Kriterium	Bankinternes Rating	Externes Rating
Wer veranlasst das Rating?	Die Bank erstellt im Zusammenhang mit jeder Kreditvergabe ein Rating.	Das zu ratende Unternehmen wendet sich an eine Ratingagentur und schließt mit dieser einen Vertrag.
Wer beurteilt die Bonität?	Die Bank im Rahmen jeder Kreditbeziehung; insofern besteht eine das Rating beeinflussende Geschäftsbeziehung.	Eine unabhängige Ratingagentur, dadurch ist die Sichtweise eines neutralen Dritten gegeben.
Wozu dient das Rating?	Als Beurteilungsgrundlage für die Kreditgewährung und die Ermittlung von Kreditmargen.	Durch das externe Rating wird der Zugang zum Kapitalmarkt ermöglicht, die finanzielle Flexibilität des Unternehmens verbessert sich.
Für welche Finanzierungsinstrumente ist das Rating geeignet?	Klassische Kreditfinanzierung.	Zugangsvoraussetzung zu fremdkapitalmarktorientierten Finanzierungsquellen.
Wer ist der Adressat des Ratings?	Die Bank selbst, unter anderem im Zusammenhang mit der Steuerung ihres Kreditportfolios.	Investoren im Zusammenhang mit der Steuerung ihres Anlageportfolios (z.B. Anleihen, Commercial-Paper-Programme)
Wie ist die Außenwirkung beziehungsweise der Marketingeffekt?	Rein bankinterne Beurteilung, keine Öffentlichkeitswirkung.	Rating wird international bekannt gemacht; möglicher Werbeeffekt.
Wie ist die Vorgehensweise?	Durch die Vielzahl der Kunden zwangsläufig ein Massenprodukt, daher stark standardisiert und bilanz-/vergangenheitsorientiert.	Einzelanfertigung, stark planungs-/zukunftsorientiert; wichtig sind das Geschäftsrisiko und der künftige Cashflow.
Zeithorizont	Auf einen Zeitpunkt bezogen, eher volatil.	Durch den Konjunkturzyklus hindurch geratet, recht stabil
Umfang	Zehntausende von Bankkunden sind bereits geratet.	Bislang sind erst wenige Unternehmen extern geratet.
Mindestgröße des Unternehmens	Nein.	Ja, in der Regel Kapitalmarktpotenzial.
Nachvollziehbarkeit des Ratingurteils	Relativ hoch, da stark zahlenbasiert.	Gering, da zum Großteil auf der Beurteilung von qualitativen Faktoren basierend.

(Quelle: HVB Rating Advisory)

Inhalte des externen Ratings

Ratingagentur	Standard & Poor's	Moody's

Analysebereiche	• Branchencharakteristika
	  – Marktpotenzial
	  – Entwicklungszyklen
	  – Kundenstruktur
	  – Konkurrenzsituation
	• Relative Position des Unternehmens in der Branche
	• Management
	• Rechnungslegung
	• Finanzpolitik, Strategie
	• Rentabilität
	• Planzahlen
	• Finanzielle Flexibilität
		• Branchentrends
		• Politisches und regulatorisches Umfeld
		• Qualität des Managements
		• Operative und wettbewerbliche Stellung
		• Finanzielle Situation und Liquiditätsquellen
		• Einschätzung der finanziellen Flexibilität
		• Liquiditätsreserven
		• Unternehmensstruktur
		• Ereignisrisiko

Kennzahlen	• Cash-flow-Analyse !!! • Zinsdeckungsgrade • Kapitalstruktur • Rentabilitätskennzahlen	• Kapitalbindung • Fremdkapitalstruktur • Nettoverschuldungsquote • Eigenkapitalquote • Finanzkraft • EBITDA-RoI • Umsatzrentabilität • Personalaufwandsquote • Wachstum

Ratingstufen bei externen Ratings

- **Short-Term:**
  Beurteilung der momentanen Liquidität
- **Long-Term:**
  Beurteilung der langfristigen Kreditwürdigkeit
- **Rating-Änderungen:**
  Rating-Agenturen nehmen neben dem Erstrating im Zusammenhang mit der Emission auch Rating-Änderungen vor. Es kann ein Upgrade bzw. ein Downgrade stattfinden. Eine Ratingstufe wird dabei als „notch" bezeichnet.

	Standard & Poor's		Moody's	
	Long-Term	Short-Term	Long-Term	Short-Term
Investment Grade	AAA		Aaa	
	AA+	A-1+	Aa1	Prime-1
	AA		Aa2	
	AA−		Aa3	
	A+	A-1	A1	
	A		A2	
	A−		A3	
	BBB+	A-2	Baa1	Prime-2
	BBB		Baa2	
	BBB−	A-3	Baa3	Prime-3
Subinvestment Grade	BB+	B	Ba1	Not Prime
	BB		Ba2	
	BB−		Ba3	
	B+		B1	
	B		B2	
	B−		B3	
	CCC+	C	Caa	
	CCC		Ca	
	CCC−		C	

Fallen Angel →

Rising Star ↑

Motive für ein erstmaliges Rating

Externe Motive

- Langfristige Finanzierungsfähigkeit über die Kredit- und Kapitalmärkte
- Eine vom Unternehmen steuerbare schrittweise „Öffnung" gegenüber Investoren und Banken
- Zusätzlicher Vertrauensgewinn bei den Geschäftspartnern (Banken, Kunden, Lieferanten) in die finanzielle Stabilität des Unternehmens

Interne Motive

- Kritische Überprüfung der eigenen Strategie durch einen kompetenten Partner
- Sensibilisierung von Führungskräften und Belegschaft für Rendite und Bilanz

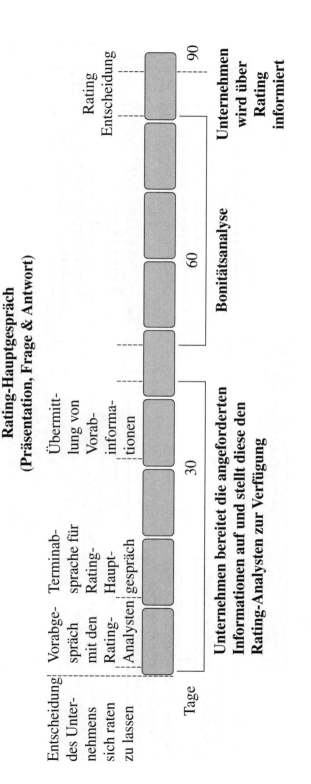

Entscheidungsbaum: Braucht das Unternehmen ein externes Rating?

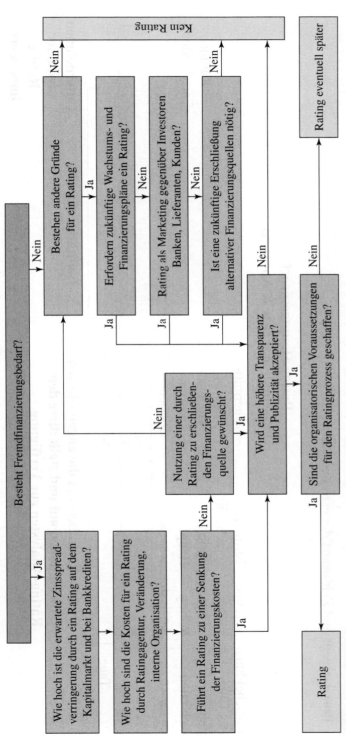

(Quelle: Ernst & Young)

Nutzen eines Ratings aus ...

... Unternehmenssicht

- Eintrittskarte in nationale und internationale Kapitalmärkte
- Instrument der Unternehmenssteuerung
  - Liquiditätssicherung
  - Disziplinierung
- Senkung/Stabilisierung der Finanzierungskosten
- Wahrung der finanziellen Unabhängigkeit
- Publizität

... Banken-/Investorensicht

- Ergänzende, unabhängige Meinung
- Feststellung risikoadäquater Verzinsung
- Internationale Vergleichbarkeit von Kreditrisiken
- Platzierungsfähigkeit von Anleihen/syndizierten Krediten
- Langfristigkeit der Aussage (Zukunftsfähigkeit)

Sicherheiten

Form	Gegenstand	Typische Anwendung
Eigentumsvorbehalt	Verkäufer behält sich Eigentum an der verkauften Sache bis zur vollständigen Bezahlung vor. Eigentumsübertragung unter aufschiebender Bedingung.	Lieferantenkredit
Verlängerter Eigentumsvorbehalt	Käufer tritt an den Vorbehaltsverkäufer die Forderung aus der Weiterveräußerung der Ware ab.	
Sicherungsübereignung	Übertragung des Eigentums von genau bestimmten Sicherungsgütern an Kreditgeber; tatsächliche Übergabe wird nicht vorausgesetzt.	Kontokorrentkredit
Sicherungsabtretung	Abtretung von Forderungen des Zedenten (Kreditnehmer) zur Sicherung einer Forderung des Zessionars (Kreditgeber). Schuldner muss nicht benachrichtigt werden (stille Zession). Bei Globalzession werden gegenwärtige und zukünftige Forderungen gegenüber bestimmten Schuldnern abgetreten.	Kontokorrentkredit
Verpfändung	Ausstellung eines Pfandrechts auf bewegliche Vermögenswerte. Da Übergabe der Sache an Gläubiger erfolgt, eignen sich nur wenige Vermögenswerte. Häufig Verpfändung von Wertpapieren.	Alle Formen des Lombardkredites; Kontokorrentkredit
Grundpfandrechte	Dingliches Recht an Grundstücken (i.d.R. gewerblich genutzten oder verpfändeten). Schuldner muss nicht Eigentümer des belasteten Grundstücks sein. Eintragung im Grundbuch, wobei Reihenfolge der Eintragung den Rang bestimmt. Pfandrecht in der Form der Hypothek, Grundschuld oder Rentenschuld. Hypothek: an bestimmte Forderung gebunden Grundschuld: unabhängig von bestimmter Forderung, kann unabhängig von Kreditanspruchnahme bestehen bleiben.	Anleihen; Schuldscheindarlehen
Bürgschaft	Bürge verpflichtet sich per Vertrag gegenüber dem Gläubiger eines Dritten (Hauptschuldner), für die Verbindlichkeiten des Dritten einzustehen.	Avalkredit; Anleihen

(Quelle: Specht 2001, S. 120)

Erscheinungsformen von Covenants

Formen von Covenants

- **Information Covenants**
  - bestimmen grundlegende Berichtspflichten des Kreditnehmers an den Kreditgeber
    - Bilanzinformationen
    - Quartalsberichte
    - Planung
    - WP-Berichte
    - Steuererklärungen

- **Non-financial Covenants**
  - legen konkrete Verhaltenspflichten des Kreditnehmers fest
    - Veräußerungsverbot von Vermögensgegenständen
    - Finanzierungs- und Investitionsverhalten
    - Belastungsverbot mit Grundpfandrechten
    - Verpflichtungsverbot bzgl. Bürgschaften

- **Financial Covenants**
  - betreffen spezifisch die finanzielle Situation und Ausstattung eines Unternehmens
  - kennzahlenbezogen (benchmarks)
  - dauerhafte Verpflichtung
    - Eigenkapitalklauseln
    - Verschuldungsklauseln
    - Zinsdeckungsklauseln
    - Echte Liquiditätsklauseln

Rechtsfolgen der Verletzung von Covenants

Die Verletzung oder Verfehlung von Covenants kann – in Abhängigkeit von den Vereinbarungen im Kreditvertrag – zu folgenden Sanktionen für den Kreditnehmer führen:

- Konditionenverschlechterung
- Nachbesicherung der Kreditsumme
- Zurückbehaltungsrecht künftiger Raten
- Vertragliches Kündigungsrecht

Beurteilung von Covenants

Ziele
- Senkt Informationsasymmetrie in Form einer Selbstverpflichtung
- Vereinbarung eines Höchstrisikoprofils
- Das Management des Unternehmens drückt seine Bereitschaft aus, das „Event Risk" auch unter Berücksichtigung des Bondholdervalue zu managen

Mögliche Nachteile
- Beschneidung des Managements
- Erhöht Reportingaufwand
- Erhöht Zinskosten im Falle einer unvorhergesehenen Unternehmensentwicklung
- Erhöht das Risiko der vorzeitigen Fälligkeit der Finanzierung

3.2 Eigenkapitalstrategien

3.2.1 Grundlagen

Bedeutung und Notwendigkeit von Eigenkapitalfinanzierungen

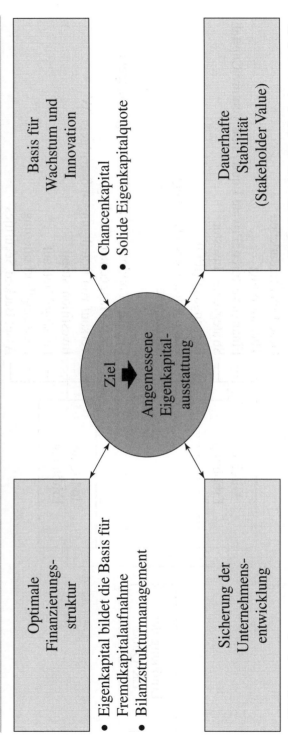

Optimale Finanzierungsstruktur

- Eigenkapital bildet die Basis für Fremdkapitalaufnahme
- Bilanzstrukturmanagement

Basis für Wachstum und Innovation

- Chancenkapital
- Solide Eigenkapitalquote

Sicherung der Unternehmensentwicklung

- Haftungsbasis
- Verlustausgleichspolster

Dauerhafte Stabilität (Stakeholder Value)

- Höhere Bonität für Marktpartner (z.B. Lieferanten, Kunden und Banken)
- Liquiditätsschonung in Verlustjahren

Ziel: Angemessene Eigenkapitalausstattung

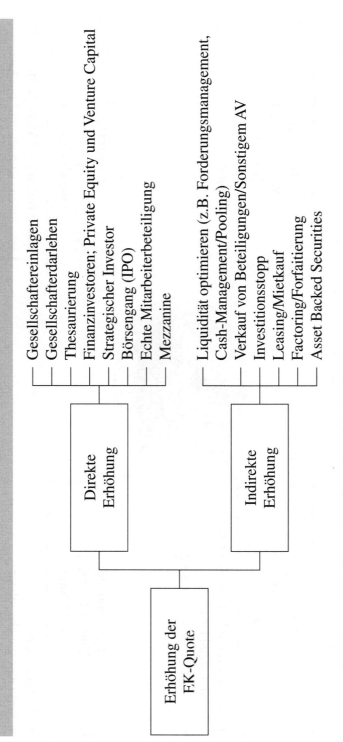

Eigenkapitalstrategien 3.2

Eigenkapitalbeschaffung in Abhängigkeit von der Rechtsform

- **OHG**
  - Einbringung neuen Kapitals durch bisherige Gesellschafter oder durch Aufnahme neuer Gesellschafter

- **KG**
  - Erhöhung des Kapitals der Komplementäre
  - Aufnahme von Kommanditisten

- **Stille Gesellschaft**
  - Einlagen der Stillen Gesellschafter

- **GbR**
  - Zuführung von Kapital aus dem Privatvermögen der Gesellschafter

- **Partnerschaftsgesellschaft**
  - Kein Handelsgewerbe
  - Einlagen der Partner

- **GmbH**
  - Einbringung neuen Kapitals durch bisherige Gesellschafter
  - Aufnahme neuer Gesellschafter

- **AG**
  - Zuführung von Kapital aus dem Privatvermögen der Altaktionäre
  - Aufnahme neuer Aktionäre

- **KGaA**
  - Erhöhung des Kapitals der Komplementäre
  - Aufnahme von Kommanditisten

OHG, KG, Stille Gesellschaft, GbR, Partnerschaftsgesellschaft → Von Personengesellschaften

GmbH, AG, KGaA → Von Kapitalgesellschaften

Eigenkapitalbeschaffung

Emissionsfähigkeit der Gesellschaftsformen

ohne Zugang zur Börse

Personengesellschaften:
- Einzelunternehmen
- Offene Handelsgesellschaft (OHG)
- Kommanditgesellschaft (KG)
- Stille Gesellschaft
- Gesellschaft des bürgerlichen Rechts (GbR bzw. GdbR)
- Partnerschaftsgesellschaft

Kapitalgesellschaften:
- Gesellschaft mit beschränkter Haftung (GmbH)
- AG und KGaA wenn Voraussetzungen nicht erfüllt

Genossenschaften

mit Zugang zur Börse

Kapitalgesellschaften:
- Aktiengesellschaft (AG)
- Kommanditgesellschaft auf Aktien (KGaA)

→ falls Grundvoraussetzungen erfüllt sind

Gründe für die Umwandlung in eine Aktiengesellschaft

- Erschließung Kapitalmarkt zur Beschaffung zusätzlichen Eigenkapitals
- Zusätzliche Instrumente zur Erschließung von Fremdkapital (z.B. Industrie-, Wandel-, Optionsanleihen)
- Hohe Fungibilität börsengängiger Aktien und Vereinfachung der Übertragung von Geschäftsanteilen
- Weitgehende Beibehaltung der unternehmerischen Eigenständigkeit bei Anteilseignerwechsel
- Entschärfung bzw. Entfall von Nachfolgeproblemen bei Erbfolge von Gesellschaftern
- Höhere Anziehungskraft für qualifizierte Mitarbeiter
- Einfache Möglichkeit zur Beteiligung von Mitarbeitern am Unternehmenserfolg durch Ausgabe von Belegschaftsaktien

3.2.2 Börsengang (IPO)

Bei einer erstmaligen Aktienemission werden unterschiedliche Ziele verfolgt

Finanzierungsbezogene Ziele

- Verbesserung der Eigenkapitalquote durch Aufnahme von EK
- Verbesserte Möglichkeiten von Unternehmensübernahmen (Aktie als Akquisitionswährung)
- Erleichterung von zukünftigen Anleihe- und Aktienemissionen

Eigentümerbezogene Ziele

- Eigentümergeführte Unternehmen: Regelung der Unternehmensnachfolge
- Private Equity-finanzierte Unternehmen: Beendigung des (zeitlich begrenzten) Engagements der Risikokapitalgeber
- Tochtergesellschaften von Konzernen: Realisierung von Wertsteigerungspotenzialen
- Ehemalige Staatsunternehmen: Liquiditätsbedarf und Deregulierungsziele

Unternehmensbezogene Ziele

- Realisierung von Wachstumszielen
- Steigerung des Bekanntheitsgrades des Unternehmens
- Höhere Attraktivität für Mitarbeiter (z.B. durch Aktienoptionsprogramme)

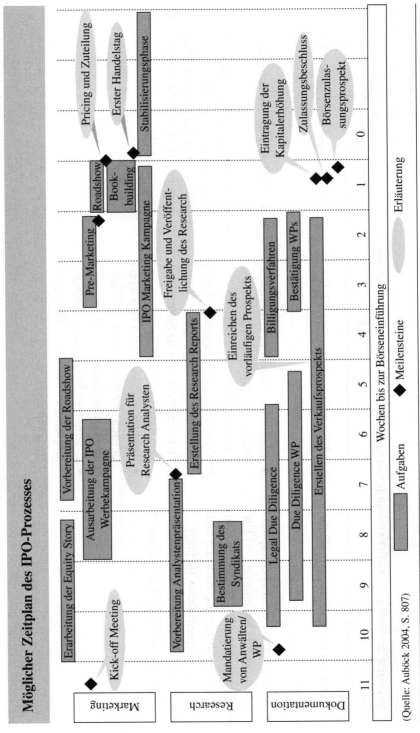

Eigenkapitalstrategien 3.2

Teilbereiche des Börseneinführungsprozesses

Auswahl Emissionskonsortium	Due Diligence und Prospekterstellung	Finanzkommunikation	Platzierung
• Finale Festlegung des Emissionskonzeptes • Vorauswahl des Börsenplatzes • Vorbereitung auf Durchführung des Beauty-Contest • Auswahl des Konsortialführers • Zusammenstellung Emissionskonsortium	• Einrichtung Datenraum • Auswahl der Prüfer • Durchführung der Due Diligence • Laufende Prospektsitzungen • Verarbeitung der Erkenntnisse aus der Due Diligence im Prospekt	• Auswahl der Kommunikationsagentur • Festlegung der Kommunikationsstrategie • Organisation der Pressearbeit • Organisation der Investorenkommunikation	• Erstellung Analysereports • Durchführung Pre-Marketing • Festlegung Emissionspreis bzw. Preisspanne • Durchführung der Roadshow • Festlegung Emissionspreis und Zuteilung • Erstnotiz
2–4 Wochen	4–10 Wochen	2–4 Wochen	2–3 Wochen

Projektmanagement

(Quelle: Auböck 2004, S. 808)

Externe IPO-Akteure und deren Rollen

Investmentbanken

- Verantwortung für die erfolgreiche Platzierung
- umfangreiche Beratungs- und Analyseaufgaben
- Verschiedene Rollen
  - Konsortialführer („Lead Manager")
  - Orderbuchführer („Bookrunner")
  - Hauptberater

Wirtschaftsprüfer/Steuerberater

- Bestätigung von Finanzangaben im Verkaufsprospekt
- Steuerliche Beratung

Rechtsanwälte

- Im Auftrag des Emittenten:
  - Prospekterstellung
  - Beratung in allen emissionsrelevanten Fragestellungen
- Im Auftrag der Banken
  - Legal due diligence
  - Teil der Vertragsdokumentation

Kommunikationsagenturen

- Auf Finanzkommunikation spezialisierte Werbe- und PR-Agenturen
- Umsetzung von Kommunikationsmaßnahmen im Vorfeld des Börsenganges

Emissionsberater

- Koordination des Zusammenspiels der einzelnen Akteure im Verlauf des IPO-Prozesses

Eigenkapitalstrategien 3.2

Zentrale Elemente der Investment Story

Potenziale der Entwicklung

- Ungenutzte Potenziale
- Werttreibende Alleinstellungsmerkmale
- Plausibilität der Prognosen
- Strategisches Konzept

Management

- Erfahrung
- Persönliche Überzeugungskraft
- Abdeckung der Schlüsselqualifikationen

Markt- und Wettbewerbsumfeld

- Marktstruktur und -wachstum
- Markttreiber
- Marktposition
- Wettbewerbsstruktur

Bisherige Unternehmensentwicklung

- Beweisführung für die Prognosen
- Darstellung der Entwicklung
- Proof of Profitability
- Schlagkraft der Organisation

Investment Story

(Quelle: Auböck 2004, S. 799)

Elemente des Emissionskonzeptes

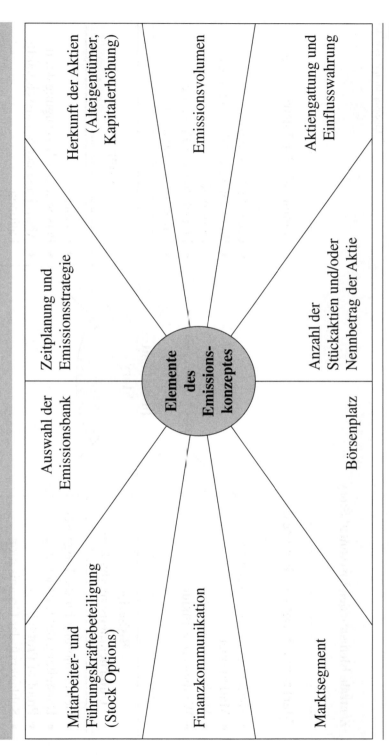

Eigenkapitalstrategien 3.2

Interessenkonflikte: Die Bank zwischen Emittent und Investor

Emittent ⟷ Bank ⟷ Investor

- Hoher Emissionskurs
- Stetige Kursentwicklung

- Niedriger Kurs — wg. Risiko
- Hoher Kurs — wg. Gebühren
- Hoher Kurs — wg. Konkurrenz

- Niedriger Emissionskurs
- Kursphantasie

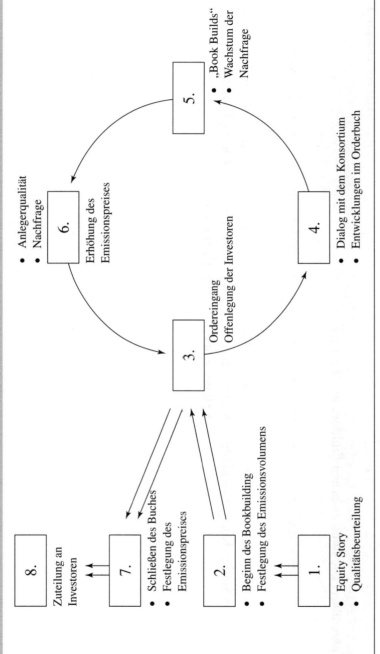

Eigenkapitalstrategien 3.2

Festpreisverfahren versus Bookbuilding-Verfahren

Alternatives Vorgehen bei Aktienemissionen

Unterschiede

Traditionelles Vorgehen

- Keine Mitwirkung des Emittenten nach Beginn der Emission
- Kürzerer Zeitraum
- Beschränkter Umfang

Marketing

- Beschränkt auf den nationalen Markt
- Eine einheitliche Tranche
- Kein Wettbewerb

Volumen

Konsortialstruktur

- Geringe Transparenz
- Keine objektive Beurteilung
- Keine Offenlegung der Namen

Bookbuilding

- Festpreis, der vor der Marketing-Periode festgelegt wird

Kursfestlegung

- Kein objektives Verfahren

Zuteilung

- Keine Marktbeobachtung
- Kein Greenshoe

Stabilisierung

- Große Kursschwankungsbreite

Aftermarket

„Bookbuilding"-Methode

- Beteiligung des Emittenten
- Weltweites Research
- Roadshows

- Zugang zum globalen Kapitalmarkt
- Mehrere Tranchen möglich
- Objektive Auswahl der Konsortialmitglieder

- Offene Kommunikation
- Qualitätsbeurteilung
- Gezielte Ansprache von Investoren

- Im Bietungsverfahren (Strike-Preis) nach Marketing- und Bookbuilding-Periode

- Nach festgelegten Kriterien

- Marktbeobachtung
- Greenshoe

- Nahe am Emissionspreis

103

An der Frankfurter Wertpapierbörse werden zwei klar differenzierte Segmente unterschieden: Prime Standard und General Standard

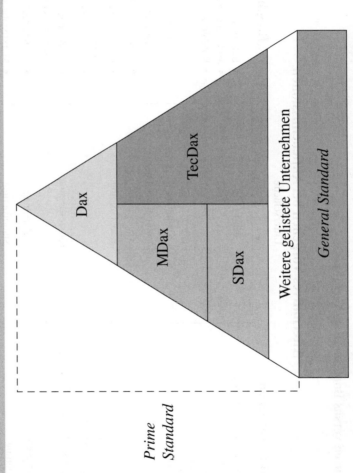

(Quelle: Deutsche Börse)

Eigenkapitalstrategien 3.2

Kommunikationsmaßnahmen zum Börsengang

KOMMUNIKATIVE AUFGABEN

„PFLICHT"

- **Emissionsprospekt/Unternehmensbericht**
- **Pflichtanzeigen**
- **Geschäftsbericht**
- **Zwischenbericht**

- DVFA-Analystenmeetings
- Syndikatsanalystenmeeting

wirkt auf

Zulassung zur Börse/Platzierung der Aktien

„KÜR"

- **Pressearbeit**
  - Kontinuierliche, individuelle Pressearbeit
  - Pressekonferenzen
  - Anlassbezogene Pressearbeit
- **Finanzwerbung**
  - Going-Public-Kampagne in Wirtschafts- und Fachmedien (Print und TV)
- **Spezifische Maßnahmen**
  - Quartalsbericht/Zwischenbericht
  - Fact Book (auf Analysten und Investoren zugeschnittene
  - Hintergrundinformation zu Unternehmen und Branche)
  - Direct Mailings an Analysten und Investoren
  - Hintergrundgespräche mit Analysten/Investoren
  - Fernsehinterviews
  - Road Show

wirkt auf

Nachfrage nach Aktien und Emissionskurs

Eigenkapitalstrategien 3.2

Timing der IPO-Kommunikationsmaßnahmen

	Pre-IPO-Kommunikation	Pre-Marketing	Road-Show	Listing – Post-IPO-Kommunikation
Dauer:	t (Emissionstermin) – 12 bis 6 Wochen	t – 6 bis 2 Wochen	t – 2 Wochen	t +
Ziel:	Unternehmensprofilierung	Interesse an Emission wecken	Generierung von Nachfrage	Positive Kursentwicklung
Maßnahmen:	PR-Arbeit mit Positionierung von Markt, Strategie und Stärken	Pressekonferenz mit Kommunikation der Börsenpläne; Aktienwerbung; Direkt-Marketing	IPO-Pressekonferenz; Analystenpräsentation; TV-Gespräche	Event Börsenstart; Post-IPO Investor Relations
Inhalte:	Eckpunkte der Equity Story; Positive Unternehmensentwicklung	Eckpunkte der Börsenpläne; Detaillierte Unternehmensstrategie	Bookbuildingspanne; Emissionskonzept	Fortlaufende Unternehmensentwicklung

(Quelle: Auböck 2004, S. 814)

Vor- und Nachteile einer Börseneinführung

Vorteile	Nachteile
• Verbesserung der Eigenkapitalausstattung • Gestaltung des Generationswechsels und Sicherung des Lebenswerkes • Steigerung der strategischen Flexibilität • Zugang zu allen an der Börse handelbaren Finanzierungsinstrumenten • Bonitätskennzeichen • Laufende Bewertung der Unternehmenspolitik • Höhere Attraktivität als Arbeitgeber • Positive Publizitäts- und Image-Effekte	• Offenlegung von Beteiligungen • Strenge Publizitäts- und Rechnungslegungsvorschriften • Hohe einmalige Kosten • Spezifische Folgekosten

Eigenkapitalstrategien 3.2

Die Kosten der Börseneinführung belaufen sich auf mindestens 7 Prozent des Emissionsvolumens

Kostenarten	Kosten für die Banken	Kosten der Börse	Kommunikationskosten	Beratungskosten
Elemente	• Platzierungsprovision davon – 1/5 Managementprovision für Konsortialführer (Vorbereitung der Strukturierung der Transaktion) – 1/5 Underwritingprovision für Übernahme des Platzierungsrisikos – 3/5 Sellingprovision	• Verkaufsprospekt • Veröffentlichung des Zulassungsantrags • Gebühren für die Zulassung der Aktien zum Börsenhandel • Gebühren für die Notierungsaufnahme	• Agentur • Pressearbeit • Erstellung Geschäftsbericht • Unternehmensbroschüre • Internet-Auftritt • Unternehmensvideo • TV-Spot • Road-Show	• Kosten für StB, WP, RAe, Unternehmensberatung, etc.
Variabilität	verhandelbar	nicht verhandelbar	gestaltbar	verhandelbar
Höhe in % des Emissionsvolumens	4–6% vom Emissionsvolumen		ca. 1%	

Indirekter Börsengang als Grundlage für eine erstmalige Börsennotierung

Indirekter Börsengang
- Zum Zeitpunkt der Notierungsaufnahme an der Börse findet (anders als beim klassischen IPO) keine Kapitalerhöhung statt
- Synonym: Cold-IPO
- Den Kosten eines indirekten IPO steht keine Zuführung von Eigenkapital gegenüber
- Aufnahme der Börsennotierung auch bei äußerst ungünstigen Kapitalmarktverhältnissen möglich

Motive für einen indirekten Börsengang
- Schaffung finanzieller Flexibilität: Bei geeignetem Börsenumfeld lässt sich eine Kapitalerhöhung in kurzer Zeit umsetzen
- Anteile der Alteigentümer erreichen mit der Börsennotierung die bestmögliche Fungibilität (Veräußerbarkeit über die Börse und Einsatz der Aktien als Akquisitionswährung)

Eigenkapitalstrategien 3.2

Motive für den Börsengang von Konzerneinheiten

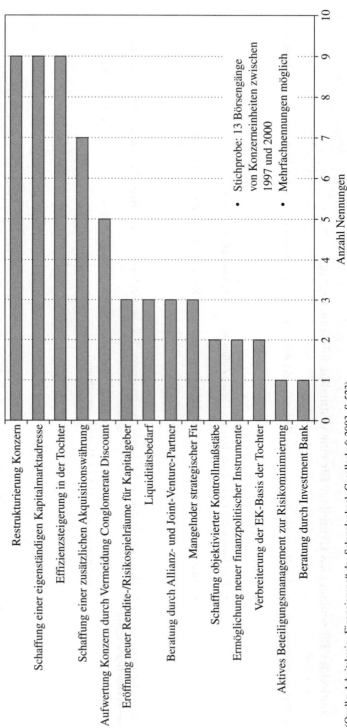

(Quelle: Arbeitskreis „Finanzierung" der Schmalenbach-Gesellschaft 2003, S. 523)

Lock-up Vereinbarungen bei Aktienemissionen

Formen der lock-up Vereinbarungen
- Marktschutzvereinbarungen, d.h. Regelungen zur Nicht-Durchführung von Kapitalerhöhungen
- Haltevereinbarungen, die dem Altaktionär für einen bestimmten Zeitraum nach der Erstnotierung der Aktie das Anbieten oder die Veräußerung seiner Stücke untersagen
- Marktschonungsklauseln, nach denen der Altaktionär seine Aktien nur mit Einwilligung des Konsortialführers über die Börse veräußern darf

„Schutzbedürftige" von lock-up Vereinbarungen
- Neuaktionäre, die durch den Börsengang in den Aktionärskreis eintreten
- die an die Börse gehende Gesellschaft selbst
- Bankenkonsortium, das die Gesellschaft an die Börse bringt
- Deutsche Börse AG

(Vgl. Korfsmeyer 1999)

Eigenkapitalstrategien 3.2

Beurteilungskriterien für strategische Optionen umfassen bei einem börsennotierten Unternehmen auch die erwarteten Kapitalmarktreaktionen

Strategische Logik

- Marktattraktivität und -position
- Übereinstimmung mit Kernkompetenzen
- Restrukturierungschancen mit Wertschaffungspotenzial
- Operative Synergien zwischen den Geschäftsfeldern
- Wachstumschancen
  - Interne Ressourcen
  - Verfügbarkeit von Übernahmekandidaten

Attraktives Geschäft? Positionierung? M&A-Optionen?

Börsenbewertung

- Reaktionen des Kapitalmarktes aufgrund des geplanten Wachstums
- Bewertungsabschlag für Konglomerat versus Fokussierungsprämie
- Zyklizität des Geschäftes
- Kapitalmarktbewertung für Geschäft
- Risikoprofil

Wird die Strategie von den Kapitalmärkten akzeptiert?

Machbarkeit

- Transaktionschancen/-risiken für Verkäufe bzw. Akquisitionen
- Übernahmerisiko
- Verfügbarkeit von Managementkapazität

Ist die Strategie realistisch und implementierbar?

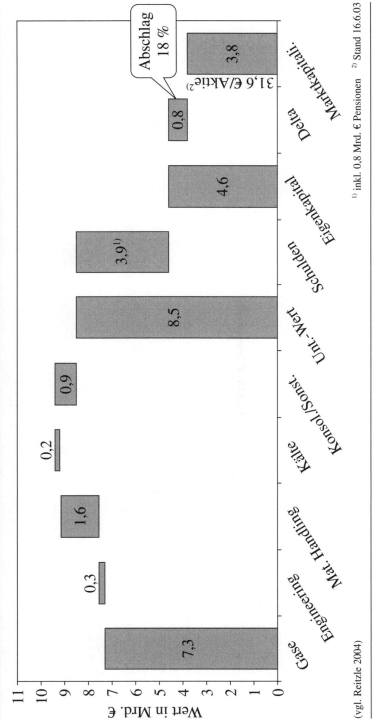

3.2.3 Dividendenpolitik

Bei der Festlegung der Dividendenhöhe sind acht Faktoren zu beachten

Einflussfaktoren der Dividendenpolitik

- **Verfügbarer Gewinn**
  - Gewinne des Rechnungsjahres
  - Gewinnvorträge der Vorjahre

- **Gesetzliche und satzungsmäßige Restriktionen**
  - Dotierung der gesetzlichen Rücklagen
  - Dotierung der satzungsmäßig vorgesehenen Rücklagen

- **Steuerliche Rahmenbedingungen**
  - Besteuerung thesaurierter vs. ausgeschütteter Gewinne
  - Schütt-aus-Hol-zurück-Politik

- **Rentabilität für den Aktionär**
  - Renditeerwartung (Kurssteigerung und Dividende)
  - Verzinsung Alternativanlage

- **Ziel – Kapitalstruktur**
  - Abstimmung von Dividendenpolitik und Finanzbedarf
  - Ziel: Erreichung/Beibehaltung des angestrebten Verhältnisses von EK und FK

- **Liquiditätssituation**
  - Frei verfügbare liquide Mittel vs. angespannte Liquiditätssituation

- **Zusammenhang mit Börsenkurs**
  - Interdependenz zwischen Aktienkurs und Dividendenzahlung

- **Branchenvergleich**
  - Von vergleichbaren Unternehmen der gleichen Branche gezahlte bzw. erwartete Dividende

- **Vergangenheit**
  - Höhe der bisherigen Dividendenzahlung

(vgl. Seiler 2000, S. 280 ff.)

Kriterien bei der Festlegung der Dividende

- Tatsächlich erwirtschafteter Gewinn

- Vom Kapitalmarkt erwartete Rendite für eine Aktie, die sich aus der erzielbaren Rendite von risikolosen Rentenpapieren zuzüglich eines Zuschlags für das Aktienrisiko zusammensetzt

- Von vergleichbaren Unternehmen der gleichen Branche gezahlte bzw. zu erwartende Dividende

- Die Höhe der bisherigen Dividendenzahlungen

3.2.4 Going Private

Going Private: Merkmale und Beurteilung

Gegenstand: • Transformation einer börsennotierten Gesellschaft in eine nicht börsennotierte Gesellschaft

Merkmale:
- Einstellung der Börsennotierung der Anteile
- Konzentration des Anteilsbesitzes in den Händen einer geschlossenen Investorengruppe

Vorteile:
- Einsparung der Notierungskosten
- Reduzierung von Agency-Kosten
- Schutz vor feindlichen Übernahmen

Nachteile:
- Eingeschränkte Fungibilität der Anteile
- Verteuerung der Kapitalaufnahme
- Reduzierte Öffentlichkeitswirkung
- Kosten der Durchführung

Gründe für ein Going Private aus Unternehmenssicht

- Verringerung der Unternehmenstransparenz
- Verringerung der Publizitätsanforderungen (Quartalsberichte, Ad-hoc-Mitteilungen etc.)
- Management Team möchte wieder „ungestört" arbeiten
- Vermeidung der Kosten der Börsennotierung (Hauptversammlung, Personal etc.)
- Trotz hervorragender Unternehmensentwicklung „dümpelt der Aktienkurs vor sich hin"
- Aufgrund geringer Größe keine Aufmerksamkeit seitens der Analysten/institutionellen Investoren
- Engpass der Kapitalbeschaffung über Kapitalmarkt
- Kauf eines unterbewerteten Unternehmens zu einem attraktiven Preis (Liquiditätsreserven > Marktkapitalisierung)

Gestaltungsformen von Going Private-Transaktionen

Förmliches oder börsenrechtliches Taking Private

- Rechtsgrundlage: § 43 Abs. 4 BörsenG i.V.m. der jeweiligen Börsenordnung (insb. § 54 BörsenO in der neuesten Fassung)
- Ermessensentscheidung der Zulassungsbehörde auf Antrag des Vorstands der notieren AG
- Gewährleistung hinreichenden Anlegerschutzes (hierfür verschiedene Modelle: Ausstieg zu einem Mindestpreis im Rahmen eines öffentlichen Übernahmeangebots (so bislang § 54 BörsenO Ffm alte Fassung); oder: „sechsmonatige Aufbrauchfrist" (so § 54a BörsenO neue Fassung)
- Bislang äußerst geringe Zahl förmlicher Delisting-Verfahren im Gegensatz zur Zunahme sog. kalter Delistings
- Unsicherheiten des förmlichen Delistings

Sog. kaltes Going oder Taking Private

- Aktien- bzw. umwandlungsrechtliche Umstrukturierung, die u.a. auch zum Widerruf der Aktie der betroffenen Gesellschaft führt

Squeeze Out

- Begriffe:
  „Squeeze Out"
  „Hauptaktionär"
  „Minderheitsaktionäre"

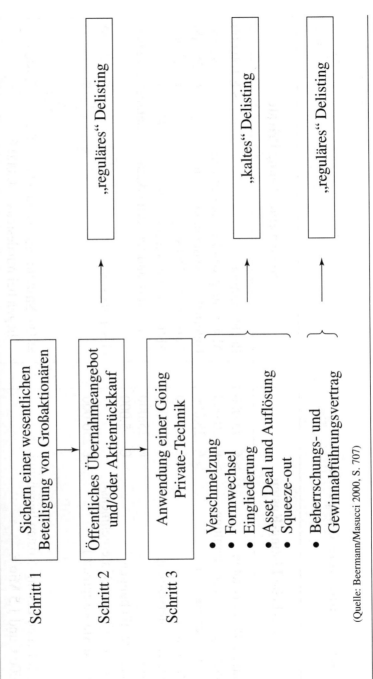

Kosten-Nutzen-Analyse eines Going Private

Jährliche Listing-Kosten

IR-Manager/IR-Aktivitäten	> €	75.000
Durchführung Hauptversammlung	> €	50.000
(Rechts-)Beratungskosten	> €	25.000
Geschäftsbericht	> €	50.000
Laufende Berichterstattung	> €	25.000
Roadshows	> €	25.000
Sonst. Veröffentlichungen	> €	5.000
Gesamtkosten (je nach Unternehmensgröße und Marktsegment)	> €	250.000

⇒ Die jährlichen Listing-Kosten liegen zwischen 250.000 € und 1,5 Mio €

Kosten eines Going Private

Rechtsberatung	> €	100.000
Abwicklung von Kaufangeboten	€	200.000
Unternehmenskommunikation	€	25.000
Aufwand für Delisting	€	25.000
Abfindung für Squeeze Out und Aufwand für Aktienkauf		Wird vom Übernehmer getragen
Gesamtkosten	> €	350.000

⇒ Die Strukturierungs- und Durchführungskosten liegen bei mindestens 350.000 €

Eigenkapitalstrategien 3.2

Going Private = Transformation einer börsennotierten Gesellschaft in eine nicht börsennotierte Gesellschaft (= Public to Private)

		Kapitalgeber
Motive für Going Private	Erwerb einer börsennotierten Gesellschaft durch einen Mitbewerber mittels Übernahmeangebot an die bestehenden Aktionäre	Aktionäre des übernehmenden Unternehmens
	Konzerne nehmen börsengelistete TG von der Börse (z.B. Gründe für ursprüngl. Börsengang haben sich geändert bzw. nicht erfüllt)	Mutterkonzern bzw. ihre Aktionäre
	Börsen-Wertentwicklung hat sich nachhaltig vom tatsächlichen Wert abgekoppelt • mangelnde Research Coverage • geringer Free-Float • zu geringe Börsenkapitalisierung	Private Equity Funds
	Restrukturierungs- und Sanierungskonditionen	

123

Techniken zur Durchführung eines sog. kalten Taking Private

Mehrheitseingliederung (§ 320 AktG)

- Minderheitsgesellschafter sind regelmäßig in Aktien an der Hauptgesellschaft (oder an deren Muttergesellschaft) abzufinden; Mehrheitseingliederung verhindert also regelmäßig nicht, dass Minderheitsgesellschafter der Zielgesellschaft wieder Aktionäre der Hauptgesellschaft werden
- Hauptgesellschaft hält 95 % des Grundkapitals; Hauptgesellschaft muss deutsche Aktiengesellschaft sein

Verschmelzung (§§ 2 ff. UmwG)

- Ziel-AG erlischt mit Eintragung der Verschmelzung; Übergang des gesamten Vermögens ohne Liquidation auf die aufnehmende Gesellschaft
- Minderheitsgesellschafter der Ziel-AG sind mit einer Beteiligung an der aufnehmenden Gesellschaft abzufinden, sofern sie nicht gegen Barabfindung freiwillig ausscheiden

Formwechselnde Umwandlung (§§ 190 ff, 226 ff. UmwG)

- Formwechsel aus der Rechtsform einer Aktiengesellschaft in eine aus Sicht der Minderheitsaktionäre „unattraktive" neue Rechtsform
- Den Minderheitsaktionären der Ziel-AG sind Gesellschaftsanteile der rechtsformgewechselten, neuen Gesellschaft anzubieten, sofern sie nicht freiwillig gegen Barabfindung ausscheiden

Übertragende Auflösung (§ 179a AktG)

- Übertragung des wesentlichen Gesellschaftsvermögens der Ziel-AG auf einen Erwerber, verbunden mit der Liquidation der Ziel-AG
- Zustimmender Beschluss der Hauptversammlung der Ziel-AG mit qualifizierter Kapitalmehrheit; Transparenz des Veräußerungsvertrages; Vertretungsmacht des Vorstandes der Zielgesellschaft hängt am Bestand des Zustimmungsbeschlusses

Squeeze Out

Voraussetzungen (§ 327a AktG)

- 95 % des Grundkapitals
- Übertragungsbeschluss der Hauptversammlung (einfache Stimmenmehrheit)
- Gewährung einer angemessenen Barabfindung
- Absicherung des Barabfindungsanspruchs durch Bankgarantie (§ 327b Abs. 3 AktG)

Nicht erforderlich

- Sachliche Rechtfertigung
- Börsennotierung der Ziel-AG
- Hauptaktionär muss nicht inländische Aktiengesellschaft oder auch nur juristische Person sein
- Verknüpfung mit vorausgehendem Übernahmeangebot des Hauptaktionärs

Mögliche praktische Schwierigkeiten

- Gerichtliche Bestellung eines unabhängigen Sachverständigen zur Prüfung der Angemessenheit der angebotenen Barabfindung
- Umfang und Inhalt des Übertragungsberichts des Hauptaktionärs
- Inhalt der Gewährleistungserklärung des Kreditinstituts
- Rollenverteilung bei der Fragebeantwortung in der Hauptversammlung
- Auswirkungen eines Squeeze Out auf bestehende Bezugsrechte auf Aktien (Stock Options, etc.)
- Rechtsschutzmöglichkeiten der Minderheitsaktionäre gegen den Squeeze Out-Beschluss (Anfechtungsprozess mit Registersperre; Eilverfahren zur Überwindung der Registersperre; Spruchverfahren zur Überprüfung von Abfindungsrügen)

Squeeze-out: Zeitlicher Ablauf

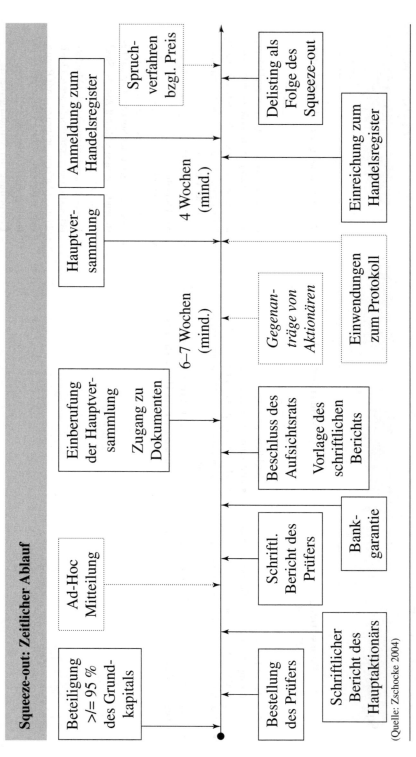

(Quelle: Zschocke 2004)

Eigenkapitalstrategien 3.2

3.2.5 Private Equity

Private Equity

- Private Equity = Oberbegriff für außerbörsliches Eigenkapital

- Institutionelle Investoren wie Stiftungen, Pensionskassen und Versicherungen legen einen Teil ihrer Anlagegelder in spezialisierten Beteiligungsfonds an

- Diese Beteiligungsunternehmen kaufen Unternehmen oder Konzernteile, restrukturieren sie mehrere Jahre und veräußern sie anschließend weiter oder bringen sie an die Börse

- Die Zinserwartung der institutionellen Investoren liegt in der Regel bei 15–20 % p.a.

Eigenkapitalstrategien 3.2

Das Geschäftsmodell von Beteiligungsfonds

- Pensionsfonds
- Stiftungen
- Versicherungen
- Banken
- Vermögende Familien

legen Geld in Beteiligungsfonds an

→ Beteiligungsfonds

investieren in

- Unternehmen
- Konzernteile
- Unternehmensgründungen

Fallbeispiel: Investitionskriterien eines Private Equity Investors

Bei Apax, einem global tätigen Private Equity Haus, gelten folgende Investitionskriterien:

Wichtigste Investitionskriterien:
- Fähiges Management mit klarer Vision und Entschlossenheit, den Eigenkapitalwert zu steigern
- Klares Wachstumspotenzial des Unternehmens
- Marktführende Positionierung und Profitabilität bzw. das Potenzial, sich als hochprofitabler Marktführer zu etablieren
- Größe der Opportunität, gemessen am Exit-Potenzial
- Apax als „Lead-Investor"
- Gute Exit-Perspektiven innerhalb von 3–7 Jahren

Für alle Investitionen gilt:
- Sowohl Minderheits- als auch Mehrheitsbeteiligungen möglich
- Eigenkapital und/oder Gesellschafterdarlehen
- Das Management wird am Eigenkapital beteiligt
- Börseneinführung oder Weiterverkauf der Anteile an der Gesellschaft in 3–7 Jahren

Corporate Governance Regelung:
- Apax wird nicht als Geschäftsführer tätig
- Vertretung durch Repräsentanten in Beirat und Aufsichtsrat
- Mitspracherechte bei wesentlichen Entscheidungen

(vgl. Burger-Calderon 2003)

Investitionsmodell bei Risikokapital

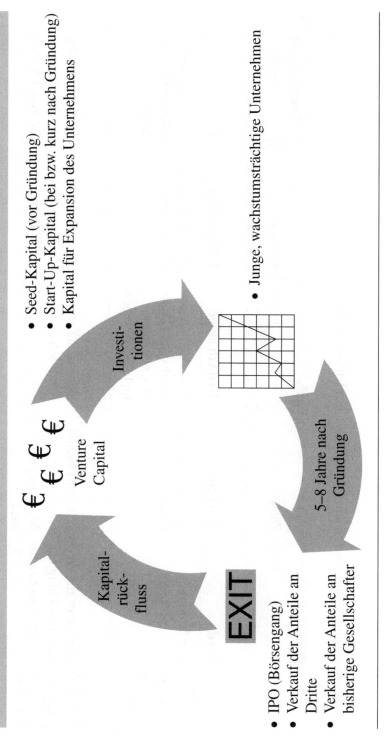

Eigenkapitalstrategien 3.2

Risikokapitalbeteiligung in verschiedenen Phasen des Unternehmens

	Frühe Phase		Expansionsphase		Übergang zum etablierten Unternehmen
	Seed	**Start-up**	**Growth stage**	**Bridge stage**	**Exit**
Wann?	Vor Gründung	Bei oder kurz nach Gründung	Bei erstem/zweitem Wachstumsschub, Börsengang noch nicht bevorstehend	6–12 Monate vor Börsengang	5–8 Jahre nach Gründung (in der Regel)
Wozu?	Vor allem zur Weiterentwicklung des Geschäftskonzepts	Z.B. für Produktentwicklung, erste Marketingmaßnahmen	Zur Finanzierung des Wachstums	Zur Überbrückung des Finanzbedarfs bis Börsengang	Rückgewinnung des investierten Venture Capitals

Typen von Venture Capital-Gesellschaften

Kriterium Typ	Strategischer Investmentfokus	Finanzierungsphase und Finanzierungsquelle	Mögliche Vor- und Nachteile
Öffentliche Beteiligungsgesellschaft	(Regionale) Wirtschaftsförderung	Seed- bzw. Start-up Phase Öffentliche Mittel	+ relativ geringe Finanzierungskosten + geringe Verwässerung der Eigentümerrechte des Gründers − begrenzte Verfügbarkeit ± oft stille Gesellschaft
Branchen-VCG	Beteiligung an Unternehmen einer bestimmten Branche	Sämtliche Phasen VC-Fonds	+ Bereitstellung nicht finanzieller Managementunterstützung in mehr oder weniger großem Umfang
Allphasen-VCG	Beteiligung an Unternehmen mit hohem Wertpotenzial	Sämtliche Phasen VC-Fonds	+ für gewöhnlich große Beträge finanzierbar − relativ hohe Finanzierungskosten − starke Verwässerung der Eigentümerrechte des Gründers
Spätphasen-VCG	Beteiligung an Unternehmen in reiferen Phasen	Spätphasen (Expansion, Bridge, Replacement, MBO/MBI, Turnaround) VC-Fonds	
Frühphasen-VCG	Beteiligung an jungen Unternehmen mit sehr hohem Wachstumspotenzial	Frühphasen (Seed, Start-up, First Stage) VC-Fonds	
Corporate-VCG	Finanzierung unternehmensrelevanter Technologien, Ausgründungen, Spin-offs	Frühphasen, Expansionsphase vorwiegend unternehmenseigene Fonds	+ strategische Partnerschaft + z.T. geringere Finanzierungskosten als bei VCG − u.U. Einschränkung des Handlungsspielraums
Business Angel	Beteiligung an jungen Unternehmen mit sehr hohem Wertpotenzial	Seed-Phase Privatvermögen	+ relativ niedrige Finanzierungskosten − in Deutschland noch nicht sehr weit verbreitet

(vgl. Pape/Beyer 2001, S. 628; Schefczyk 2000, S. 137)

Beratungskompetenzen von Venture Capital-Gesellschaften

Betreuungsintensität

	Allrounder	Spezialist
Aktiv	Breites Know-how, vor allem Managementfähigkeiten; weniger Hilfe bei technischen Details	Spezielles Know-how, Wissenstransfer, Abbau von Informationsasymmetrien, Ex-Unternehmer, Wissenschaftler
Passiv	Breites Know-how beschränkt sich auf die Rolle des Kapitalgebers, der nur in Ausnahmefällen einschreitet	Portfolio-Selection-Fähigkeiten, Warn- und Kontrollfunktion, ggf. Beratung, Ex-Unternehmer, Wissenschaftler

Tiefe der Beratungsleistung

(Quelle: Rudolph/Haagen 2004, S. 7)

3.2.6 Buy-Outs

Eigenkapitalstrategien 3.2

Buy-Outs

Management-Buy-Out
- Das bisherige Management (i.d.R. Geschäftsführung bzw. Vorstand) übernimmt die Kapitalanteile des Unternehmens
- Finanzierung des Kaufpreises erfolgt durch Käufer sowie eine Bank und/oder die bisherigen Eigentümer

Management-Buy-In
- Externe, d.h. zum Kaufzeitpunkt nicht in dem Unternehmen tätige Führungskräfte erwerben Gesellschaftsanteile

Belegschafts-Buy-Out
- Wesentliche Geschäftsanteile einer Gesellschaft werden an eine größere Zahl von Mitarbeitern übertragen
- Im Unterschied zur Ausgabe von Belegschaftsaktien wird meist die Mehrheit der Anteile en bloc übertragen

Leverage-Buy-Out
- Erwerb der Anteile mit sehr hohem Fremdkapitaleinsatz
- Ziel ist die Nutzung des Leverage-Effektes
- Schließt die drei vorgenannten Buy-Out Varianten nicht aus

Eigenkapitalstrategien 3.2

Ein Management Buy-Out ist ein Unternehmenskauf mit Beteiligung des Managements

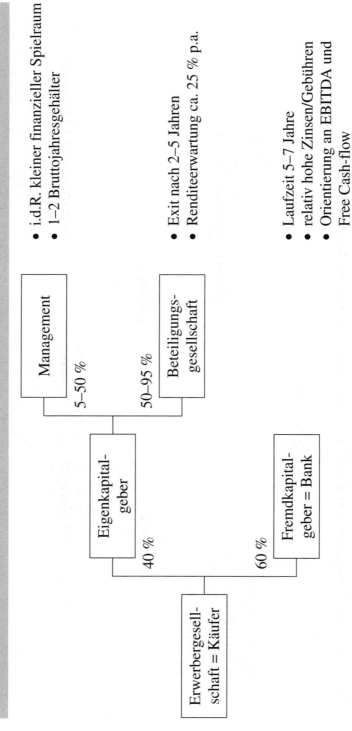

- i.d.R. kleiner finanzieller Spielraum
- 1–2 Bruttojahresgehälter

- Exit nach 2–5 Jahren
- Renditeerwartung ca. 25 % p.a.

- Laufzeit 5–7 Jahre
- relativ hohe Zinsen/Gebühren
- Orientierung an EBITDA und Free Cash-flow

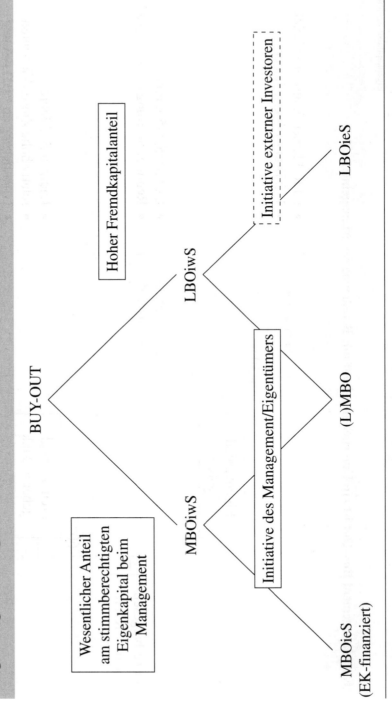

Abgrenzung von Management Buy-Out (MBO) und Leveraged Managed Buy-Out (LMBO)

Eigenkapitalstrategien 3.2

Im Rahmen des MBO werden zwischen Beteiligungsgesellschaft und Management komplexe Verträge vereinbart

NewCo

Beteiligungsgesellschaft – Management —— Strukturierter Kredit —— **Bank**

- Cashbeitrag Management
- Anteilshöhe Management
- Sondervergütung bei Erreichen der Milestones
- „Strafen" bei Unterschreiten der Milestones
- Dienstvertrag, Grundgehalt, Tantiemen
- Gesellschaftsvertrag (Beirat, Vetorechte, Abstimmungsregeln)
- Exit (Zeitpunkt, Art, Erlösvorrang etc.)

- Konditionen (Laufzeit, Zins, Tilgung, Sicherheiten)
- Covenants:
  - Sonderkündigungsrechte bei Zielverfehlung etc.
  - Beiratsitz
  - Vetorechte bei wichtigen Geschäften
  - Zinsanpassungsklauseln

(vgl. Götz 2004)

Eigenkapitalstrategien 3.2

Der MBO-Prozess

6–12 Monate

Vorbereitung	Kontaktphase	Umsetzungsphase	Verhandlungen/Closing
• Definieren des Zielkatalogs/Teamzusammenstellung • Erarbeitung Business-Plan/Investment-case • Unternehmensbewertung Finanzierungskonzept • Steuerliche/rechtliche Vorstrukturierung • Erarbeitung Unternehmensmemorandum • Marktresearch, Screening, Long List/Short List	• Erstellen eines Kurzprofils (Teaser) • Vorbereitung und Training Managementpräsentation • Kandidatenansprache • Managementpräsentation • Analysieren eingehender Angebote • Aufbau Datenraum und Vorbereitung Due Diligence	• Paralleles Verhandeln mit geeigneten Equity-Partnern • Fixierung eines LOI mit dem selektierten Equity-Partner • Gemeinsames Finanzierungskonzept • Selektion und Kontaktaufnahme geeigneter Akquisitionsfinanzierer (FK, Mezzanine)	• Paralleles Verhandeln mit ausgewählten Kandidaten zur Erzielung optimaler Konditionen • Endgültige Bestimmung der Deal-Struktur und Eckpunkte • Angebotsunterbreitung an den Verkäufer • Vertrags- und Kaufpreisverhandlungen und Vertragsgestaltung • Vertragsabschluss

(Quelle: Deloitte)

Eigenkapitalstrategien 3.2

Transaktionsstruktur bei Leveraged Buy-Outs

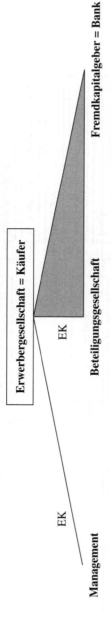

Erwerbergesellschaft = Käufer

Management

- Verfügt meist über relativ kleinen finanziellen Spielraum
- Sollte ein bis zwei Bruttojahresgehälter einbringen

Beteiligungsgesellschaft

Spezialisierte Beteiligungsgesellschaften finanzieren Managementteams mit Eigenkapital. Ziele:
- Exit nach 2–5 Jahren
- Rendite p.a. 25 % ± x
- Investition nur in Unternehmen mit guter und vor allem ausbaufähiger Marktstellung

Fremdkapitalgeber = Bank

Spezialisierte Bankabteilungen finanzieren Buy-Outs mit Fremdkapital:
- Laufzeit: 5–7 Jahre (relativ hohe Verzinsung/Gebühren)
- Orientierung an EBITDA und Free Cash Flow. Diese müssen relativ sicher und gut planbar sein. Innerhalb des FK wird grob unterschieden in:
  - Senior Debt (vorrangig besichert, Langläufer)
  - Mezzanine (Junior Debt) (nachrangig, Tilgung am Ende, also bei Exit, hoher Zins, evtl. Equity Kicker)

(Quelle: Götz 2003, S. 743)

Finanzierung von Buy-Outs

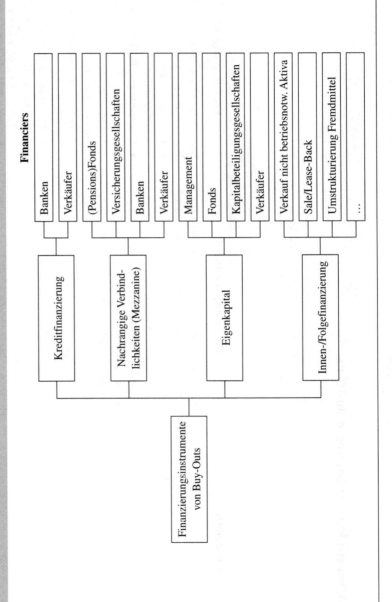

3.2.7 Mitarbeiterkapitalbeteiligung

Mitarbeiterkapitalbeteiligung

Mitarbeiterkapitalbeteiligung
= vertragliche dauerhafte Beteiligung einzelner Mitarbeiter am Kapital des Arbeitgebers

Finanzierungsquelle

- Speisung aus fixen Lohnbestandteilen
- Speisung aus variablen Erfolgsprämien
- Eigene Mittel der Mitarbeiter

Formen

- **Eigenkapitalbeteiligung** wie Belegschaftsaktien, GmbH-Anteile, Genossenschaftsanteile
- **Mezzanine** wie Genussrechte, stille Beteiligungen
- **Fremdkapitalbeteiligung** wie Mitarbeiterdarlehen, Pensionszusagen und Guthaben auf Arbeitszeitkonten

→ Die Auswahl der Form der Mitarbeiterbeteiligung ist abhängig von der Rechtsform, steuerlichen Aspekten sowie der Bereitschaft, Informations-/Mitwirkungsrechte zu gewähren

Eigenkapitalstrategien 3.2

Ziele der Mitarbeiterkapitalbeteiligung aus Unternehmenssicht

Personalwirtschaftliche Ziele ⇒
- Verbesserung der Unternehmenskultur
- Höhere Motivation
- Identifikation mit dem Unternehmen
- Reduzierung der Mitarbeiterfluktuation
- Stärkeres unternehmerisches Denken
- Stärkeres Kostenbewusstsein

Finanzielle Ziele ⇒
- Stärkung der Eigenkapitalbasis
- Senkung der Finanzierungskosten
- Finanzierungsalternative
- Flexibilisierung der Personalkosten

Spezielle Einzelziele ⇒
- Imagefaktor (Marketing, Personal)
- Aufbau eines Nachfolgers
- Soziales Engagement

Eigenkapitalstrategien 3.2

Zentrale Aspekte einer Kapitalbeteiligung der Mitarbeiter

Beteiligungsfluss

Mittelherkunft

- Kreis der Beteiligten
- Mittelaufbringung
- Staatliche Förderung

Beteiligungsphase

- Kapitalentlohnung
- Absicherung des Mitarbeiterkapitals
- Rechte der Beteiligten
- Zeithorizont/Befristung

Auszahlung

- Verwendung des Kapitalertrags
- Kapitalverfügbarkeit/-rückzahlung

Beteiligungsangebot/Vertrag

3.3 Mezzanine-Finanzierung

Mezzanine-Finanzierungen

- Mezzanine Finanzierungsstrukturen – auch Junior-Debt genannt – wurden aus der Notwendigkeit entwickelt, Finanzierungslücken zu schließen, die durch die begrenzte Bereitstellung von Eigenkapital und Fremdkapital (Senior-Debt) entstehen.

- Man unterteilt die Mezzanine-Produkte in Kapitalmarktinstrumente (Genussscheine, Wandel- und Optionsanleihe) und Privatplatzierungsinstrumente (Nachrangiges Darlehen, Stille Beteiligung, etc.)

- Die Nutzung von kapitalmarktfähigen Instrumenten setzt ein Transaktionsvolumen von mehreren Mio. Euro voraus, auch wenn keine Platzierung vorgesehen ist. Dies liegt vor allem an den umfangreichen Vertragswerken und den damit verbundenen hohen Transaktionskosten.

Merkmale von Mezzanine-Finanzierungen

- Finanzierungsmittel, die Elemente von EK und FK vereinen (Mezzanine = Zwischengeschoss)

- Keine Veränderung der Anteilsstruktur

- Rangrücktritt gegenüber Drittgläubigern
  - Ausweitung der Eigenmittel, Verbreiterung der Haftungsbasis
  - Verbesserung von Rating und Bonität

- Bilanzausweis von Equity Mezzanine in der Regel direkt nach den EK-Positionen

- Keine bzw. bei Debt Mezzanine nachrangige Stellung von Sicherheiten

- Langfristige Laufzeiten von in der Regel fünf bis zehn Jahren

- Dreistufiges Vergütungsmodell möglich (feste Vergütung p.a., variable Vergütung, Kicker)

Formen von Mezzanine-Finanzierungen: Überblick

- Mezzanine-Finanzierung
  - Kapitalmarktinstrumente
    - Genussscheine
    - Wandelanleihe
  - Privatplatzierungsinstrumente
    - Nachrangiges Darlehen
    - Stille Beteiligung

Formen von Mezzanine-Finanzierungen: Merkmale

Klassifizierung / Kriterien	Nachrangdarlehen	Typisch Stille Beteiligung	Atypisch Stille Beteiligung	Genussrecht	Wandel-/ Optionsanleihe
Vergütung	fix, ggf. mit Abschlusszahlung	fix, plus erfolgabhängige Vergütung	fix, plus erfolgabhängige Vergütung	flexible Vergütungsformen	laufende Verzinsung und Wandlungsrecht
Indikative Renditeerwartung d. Kapitalgeber p.a.*)	ca. 10–15 %	ca. 12–18 %	ca. 12–18 %	ca. 10–20 %	ca. 10–16 %, bei Wandlung ca. 20–30 %
Informations-/Zustimmungsrechte der Kapitalgeber	Gläubigerstellung	vertragliche Zustimmungs-, Informations- und Kontrollrechte	Mitunternehmerstellung; vertragliche Zustimmungs-, Informations- und Kontrollrechte	Gläubigerstellung	Gläubigerstellung; nach Wandlung Gesellschafterstellung
Haftung im Insolvenzfall	nein, aber Rangrücktritt gegenüber „klassischem" Fremdkapital	nein, aber Rangrücktritt gegenüber „klassischem" Fremdkapital	ja	gestaltungsabhängig	nein, aber ggf. Rangrücktritt gegenüber „klassischem" Fremdkapital
Bilanzielles Eigenkapital	nein	nein	ja	gestaltungsabhängig	erst nach Wandlung
Wirtschaftliches Eigenkapital	ja	ja	ja	ja	ja, sofern Rangrücktritt erklärt, ansonsten erst nach Wandlung
Gesetzliche Regelungen	§§ 607–610 BGB	§§ 230–237 HGB, §§ 705–740 BGB	§§ 230–237 HGB, §§ 705–740 BGB	nicht geregelt	§ 221 AktG

— EK-Charakter

* Renditeerwartung ist abhängig vom individuellen Risikoprofil eines Unternehmens

(Quelle: Golz/Hoffelner 2003, S. 143)

Merkmale des Genussrechtskapitals

- Keine Legaldefinition, obwohl der Begriff in verschiedenen gesetzlichen Vorschriften verwendet wird.

- Genussrechte nehmen Zwischenstellung zwischen Aktie und Anleihe ein.

- Der Genussrechtsinhaber hat primär Gläubigerrechte, insbesondere Anspruch auf Vergütung und Rückzahlung des Nominalwertes. Basis ist ein schuldrechtlicher Vertrag zwischen dem Unternehmen (Genussrechtsemittent) und den Genussrechtszeichnern.

- Daneben können Genussscheine bestimmte Vermögensrechte verbriefen, wie den Anspruch auf Gewinn sowie Options- oder Wandlungsrechte.

- Eine Beteiligung am Liquidationserlös ist bei allen Genussscheinen (aus steuerlichen Gründen) ausgeschlossen.

- Genussscheine gewähren keine Stimmrechte.

- Börsennotierte Genussscheine sind Inhaberpapiere.

- Die Ausgabe von Genussrechten ist nicht an eine Unternehmensrechtsform gebunden.

Handelsrechtliche und steuerliche Behandlung von Genussscheinen

Voraussetzungen für die handelsrechtliche Bilanzierung als Eigenkapital beim Emittenten

- Nachrangigkeit im Insolvenz- oder Liquidationsfall
- Erfolgsabhängigkeit der Vergütung sowie Teilnahme am Verlust bis zur vollen Höhe
- Längerfristigkeit der Kapitalüberlassung

Steuerliche Behandlung beim Emittenten

- Steuerlich Fremdkapital:

  Ausschüttungen auf Genussrechte sind abzugsfähige Betriebsausgaben

- Steuerlich Eigenkapital:

  Ausschüttungen mindern das Einkommen nicht, sofern mit den Genussrechten kumulativ das
  - Recht auf Beteiligung am Gewinn **und**
  - am Liquiditätserlös verbunden ist (§ 8 Abs. 3 Satz 2 KStG)

Genussschein-Beispiel: Der Bertelsmann-Genussschein

Ausschüttung:
- Zielausschüttung 15 % des Grundbetrages. Die Ermittlung erfolgt in zwei Schritten
- Erster Schritt: Ermittlung des Gewinnanteils. Wenn der Konzernjahresüberschuss nicht ausreicht, ergibt sich ein geringerer als der 15 %-ige Gewinnanteil; ein Ausgleich der verminderten Gewinnanteile in den Folgejahren erfolgt nicht.
- Zweiter Schritt: Der im ersten Schritt ermittelte Gewinnanteil wird nur dann ausgeschüttet, wenn die Bertelsmann AG einen ausreichenden Jahresüberschuss erwirtschaftet hat; Nachzahlungsanspruch besteht.

Laufzeit: unbefristet

Kündigungsrechte:
- Genussscheininhaber: alle fünf Jahre zum 30.6., erstmals 2017, Kündigungsfrist zwei Jahre
- Bertelsmann AG: keine

Sonderrechte: Genussscheininhaber erhalten Zwischenbericht und Konzern-Jahresabschluss

Rückzahlung: Der Rückzahlungsbetrag bei Kündigung ist das gewogene Mittel der Ausgabekurse aller Emissionen von Genussscheinen, vorbehaltlich der Regelung über die Verlustbeteiligung

Verlustbeteiligung: ja, gemäß negativer Gesamtkapitalrendite

Konkurs- und Liquidationsfall: Nachrangigkeit der Rückzahlungsansprüche gegenüber allen anderen Gläubigern

Genussschein-Beispiel: Der „Claas-Equity-Bond"

Für den Eigenkapitalausweis nach US-GAAP muss ein Genussschein drei Kriterien erfüllen:
Ewige Laufzeit, Nachrangigkeit und Verlustbeteiligung.
Diese erfüllt Claas, ein Landmaschinenhersteller mit ca. 1,5 Mrd. Euro Umsatz/Jahr, mit seinem Equity-Bond.

Emittent:	Claas KGaA
Laufzeit:	unendlich
Volumen:	80 Mio. Euro
Kupon:	fester Kupon (Vergütung) von 7,62 % bis 2014. Die Vergütung ist obligatorisch bei Beschluss zur Zahlung einer Dividende oder dem Beschluss zur Leistung von Dividenden, Zinsen oder ähnlichen Leistungen für ein gleich- oder nachrangiges Wertpapier
Verlustteilnahme:	Nur wenn das restliche Eigenkapital und Gewinnrücklagen aufgebraucht sind
Step-up:	ab 2014 variable Vergütung mit Step-up von 2 % auf die Basisvergütung
Börsennotierung:	vorgesehen an der Börse Luxemburg
Kündigungsrechte:	Emittentenkündigungsrecht nach 10 Jahren
Kupontermin:	bis 2014 jährlich, danach quartalsweise

Wandelanleihen (Convertible Bonds)

Bond	**+**	**Kaufoption**	**=**	**Wandelanleihe**
• Zahlt einen jährlichen Kupon • Rückzahlungswert ist zur Zeit der Ausgabe festgelegt		• Recht, den Bond gegen eine bestimmte Zahl an Aktien einzutauschen		

Definition
- Anleihe, die mit einem Wandelrecht versehen ist
- Der Gläubiger ist berechtigt, die Anleihe in einem definierten Zeitraum in eine ex ante bestimmte Anzahl von Aktien zu wandeln
- Anleger hat das Recht, aber nicht die Pflicht zur Wandlung
- Tausch der Anleihe gegen die vorher festgesetzte Anzahl Aktien (conversion ratio)
- Bei Tausch geht die Anleihe und alle Ansprüche auf weitere Kuponzahlungen unter
- Fremdkapital wird zu Eigenkapital
- Bei Nicht-Wandlung erhält der Gläubiger den Nominalwert der Anleihe zurück

Emissionsanreiz (Unternehmen)
- Günstigere Finanzierungsmöglichkeit für das Unternehmen, da geringerer Kupon als bei normaler Anleihe → niedrigere laufende Zahlungen

Kaufanreiz (Investor)
- Verlustbegrenzung nach unten für den Gläubiger bei gleichzeitiger Partizipation an Aktienkurssteigerungen
- Gläubiger erhält zusätzlich mittels Wandlung die Möglichkeit, sich am Eigenkapital zu beteiligen

Wandelanleihen: Ausgestaltung

Merkmale der Wandelanleihe

- **Wandelpreis** (conversion price)
  - Preis pro Aktie, den der Gläubiger bei Wandlung bezahlen muss

- **Wandelverhältnis** (conversion ratio)
  - Anzahl Aktien pro Anleihe, die der Gläubiger bei Wandlung erhält (Nominalwert: Wandelpreis)

- **Parität** (parity, conversion value)
  - Marktwert der Aktien, die der Anleihe zugrunde liegen
  - Absolute Parität = Aktienkurs × Wandelverhältnis
  - Relative Parität = $\dfrac{(\text{Aktienkurs} \times \text{Wandelverhältnis}) \times 100}{\text{Nominalwert}}$ (in % von Nominalwert)
  - siehe nächste Seite

- **Wandelprämie** (conversion premium)
  - Aufschlag, den der Investor bezahlen muss
  - Prämie = 0, wenn WA Preis = Parität bzw. WA at-the-money ist
  - Notwendige prozentuale Steigerung, damit der WA-Preis at-the-money ist
  - Wandelprämie = $\dfrac{(\text{WA Preis} - \text{Parität}) \times 100}{\text{Parität}}$ (in % der Par.)

Wandelanleihe: Parität

Gibt an, ob die WA out-of-the-money, at-the-money oder in-the-money ist:

Parität < Nominalwert	out-of-the-money	(nicht wandeln)
Parität = Nominalwert	at-the-money	(egal)
Parität > Nominalwert	in-the-money	(wandeln)

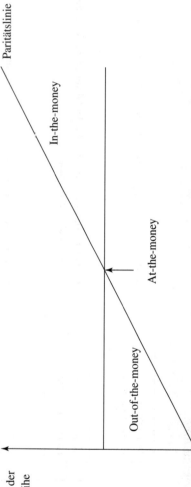

Wandelanleihe: Beispiel

1. Ausgangswerte:
   - Nominalwert: 1 000,00 Euro
   - Wandelpreis: 20,00 Euro
   - Aktueller Aktienkurs: 15,00 Euro
   - Aktuelle WA-Notierung: 900,00 Euro

2. Conversion ratio = $\dfrac{\text{Nominalwert}}{\text{Conversion price}} = \dfrac{1\,000\text{ Euro}}{20\text{ Euro}} = 50$

   → Der Gläubiger erhält bei Wandlung pro Anleihe 50 Aktien

3. Parität (absolut) = Aktienkurs × conversion ratio = 15 Euro × 50 = 750 Euro

4. Parität (relativ) = $\dfrac{\text{Aktienkurs} \times \text{Wandelverhältnis}}{\text{Nominalwert}} \times 100 = \dfrac{15\text{ Euro} \times 50}{1000\text{ Euro}} \times 100 = 75\,\%$

   → Der aktuelle Aktienkurs liegt unter dem Wandelpreis
   → Parität 75 % < Nominalwert 100 %
   → WA ist out-of-the-money → Wandlung nicht sinnvoll

5. Wandelprämie = $\dfrac{(\text{WA Preis} - \text{Parität})}{\text{Parität}} \times 100 = \dfrac{(900\text{ Euro} - 700\text{ Euro})}{750\text{ Euro}} \times 100 = 26{,}67\,\%$

   → Der Aktienkurs muss um 26,67 % steigen, damit Parität erreicht wird und die Wandelanleihe at-the-money ist.

Convertible Bonds nach der Aktienherkunft

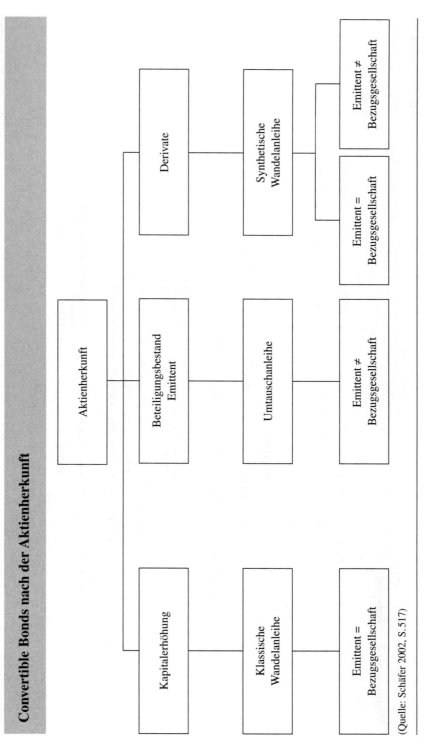

(Quelle: Schäfer 2002, S. 517)

Zusammenfassende Beurteilung der Mezzanine-Finanzierung

Vorteile	Nachteile
• Eigenkapitalcharakter (infolge des Rangrücktritts) • Schaffung eines zusätzlichen Verlustpuffers • Stärkung der EK-Position ohne (in einigen Ausprägungen) Änderung der bestehenden Eigentümerverhältnisse • Hohe Flexibilität in der Ausgestaltung • Verbesserung der Bilanzstruktur und damit der Bonität/des Rating • Bereitstellung von Liquidität ohne Sicherheiten • Aufrechterhaltung bzw. Erhöhung des Kreditspielraumes • Je nach Ausgestaltung ist die Vergütung steuerlich abzugsfähig	• Höhere Renditeerwartung des Kapitalgebers als bei Kreditfinanzierung aufgrund des höheren Risikos • In der Regel zeitlich befristete Kapitalüberlassung

3.4 Kreditfinanzierung

3.4.1 Überblick

Die verschiedenen Formen der Kreditfinanzierung unterscheiden sich bezüglich der Fristigkeit und der Kreditgeber

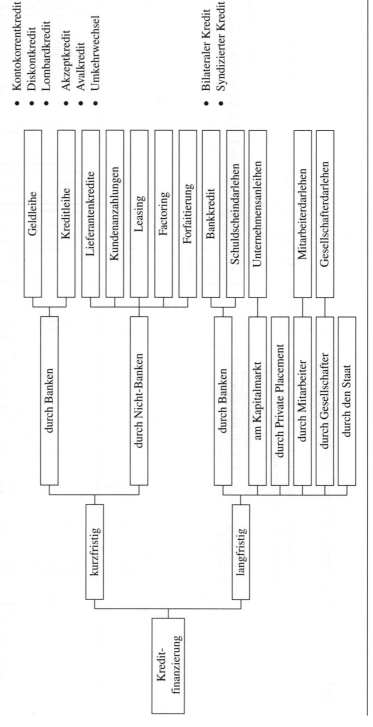

Ziel: Ausgewogenes Fälligkeitenprofil der Fremdverschuldung

Zur Vermeidung von Tilgungsspitzen, die dann unter Umständen mit einer ungünstigen Kapitalmarktsituation einhergehen, ist ein geglättetes Fälligkeitenprofil anzustreben.

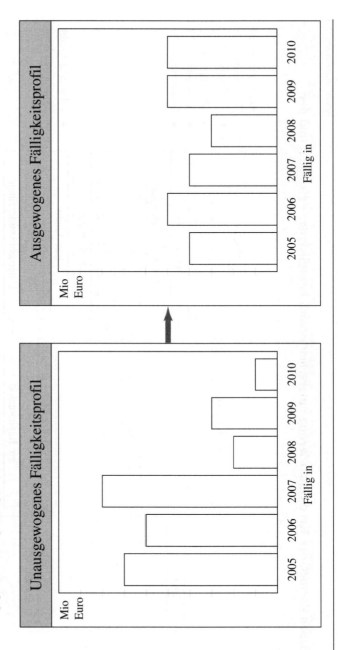

3.4.2 Kurzfristige Kreditfinanzierung durch Banken

Kriterien bei der Auswahl kurzfristiger Kredite

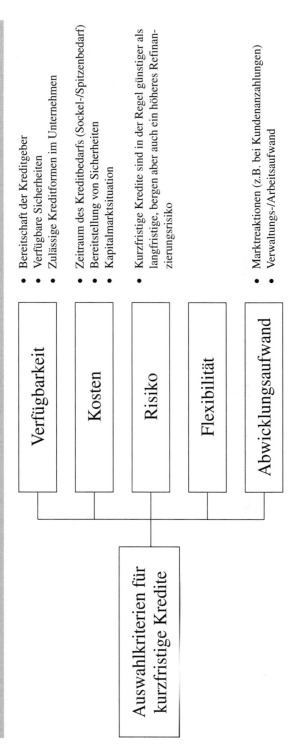

Verfügbarkeit
- Bereitschaft der Kreditgeber
- Verfügbare Sicherheiten
- Zulässige Kreditformen im Unternehmen

Kosten
- Zeitraum des Kreditbedarfs (Sockel-/Spitzenbedarf)
- Bereitstellung von Sicherheiten
- Kapitalmarktsituation

Risiko
- Kurzfristige Kredite sind in der Regel günstiger als langfristige, bergen aber auch ein höheres Refinanzierungsrisiko

Flexibilität

Abwicklungsaufwand
- Marktreaktionen (z.B. bei Kundenanzahlungen)
- Verwaltungs-/Arbeitsaufwand

Bankkredite als Geldleihe

Kontokorrentkredit

- Kreditlinie
- Ggf. Überziehungskredit
- Laufzeit bis 6–12 Monate
- Prolongation
- Ggf. Ausschließlichkeitserklärung
- Sicherheiten →

Betriebskredite
Saisonkredite
Zwischenkredite

Diskontkredit

- Wechselkredit mit drei Partnern
  - Lieferant
  - Abnehmer
  - Kreditinstitut
- Diskontlinie
- Sicherung durch Wechselstrenge

Lombardkredit

- Kredit gegen Verpfändung von
  - Wertpapieren
  - Waren
  - Wechseln
  - Forderungen
  - Edelmetallen
- zu festem Termin in voller Höhe bereitgestellt/zurückbezahlt
- Zinskosten orientieren sich am Spitzenrefinanzierungszinssatz der EZB

Diskontkredit – Ablauf und Kapitalkosten

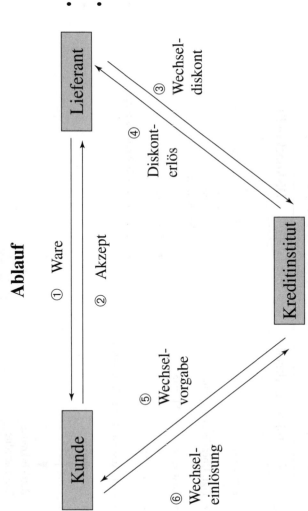

Ablauf

① Ware
② Akzept
③ Wechseldiskont
④ Diskonterlös
⑤ Wechselvorgabe
⑥ Wechseleinlösung

Kunde – Lieferant – Kreditinstitut

Kapitalkosten

- Diskontbetrag: abhängig von Geldmarktzinssätzen des Interbankenmarktes
- Diskontspesen:
  Wechselinkasso und Einholung von Auskünften

Bankkredite als Kreditleihe

Akzeptkredit

- Wechselkredit
- Kunde eines Kreditinstitutes zieht Wechsel auf Kreditinstitut
- Besonders im Außenhandel von Bedeutung
- Kapitalkosten:
  - Akzeptprovision (1,2–2,5 % p.a. des Wechselbetrages)
  - Bearbeitungsgebühren (0,5 % p.a. des Wechselbetrages)

Umkehrwechsel

- Scheck-Wechsel-Tauschverfahren
- Besonders im Handel von Bedeutung

Avalkredit

- Kreditinstitut übernimmt Haftung für die Verbindlichkeiten eines Kunden gegenüber einem Dritten in Form einer Bürgschaft oder Garantie
- Kapitalkosten:
  - Avalprovision (1–2,5 % p.a. des Kreditbetrages)

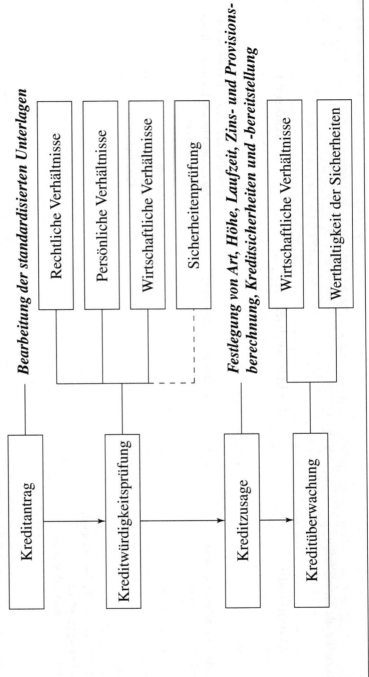

Grundlagen der Kreditentscheidung von Banken

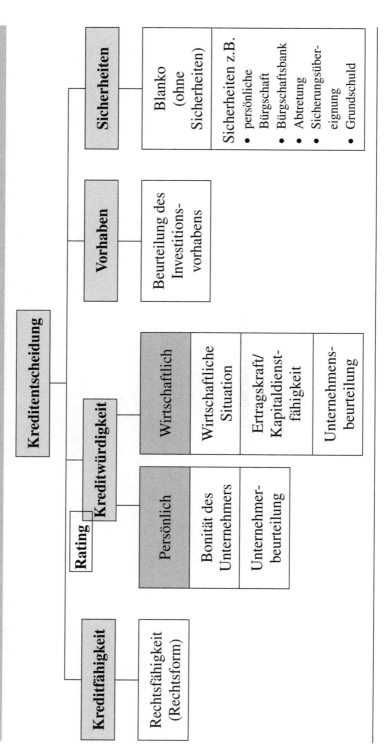

3.4.3 Leasing und Factoring

Leasing

- Ein Leasingverhältnis ist eine Vereinbarung, bei der der Leasinggeber (LG) dem Leasingnehmer (LN) gegen eine Zahlung oder eine Reihe von Zahlungen das **Recht auf Nutzung** eines Vermögenswertes für einen **vereinbarten Zeitraum** überträgt.

- Grundsätzlich Mietvertrag gem. § 535 BGB.

- Verpflichtung des LG, den Gebrauch der vermieteten Sache zu gewähren.

- Verpflichtung des LN, die vereinbarten Leasingraten zu entrichten.

Beurteilung des Leasing

Erhöhung Liquiditätsspielraum
- Zugang zu Finanzmitteln
- Kreditlinien zur Fremdfinanzierung bleiben erhalten bzw. Kreditsicherheiten/Beleihungsgrenzen werden nicht in Anspruch genommen
- Möglichkeit der Anpassung der Leasingraten an künftige Cash-flows („pay as you earn")
- Nutzung vor allem von kleineren Unternehmen

Steuerlich
- Barwertvorteile, falls der Leasingnehmer einem höheren Steuersatz ausgesetzt ist als der Leasinggeber
- Leasingvertrag begründet kein Dauerschuldverhältnis (Gewerbesteuerersparnis)

Bilanziell
- Auslagerung von Bilanzpositionen aus dem Unternehmen und somit Kennzahlenverbesserung (bei Operating Lease)
- Aber: Externe Ratings beziehen die Leasingverpflichtungen wieder in die Bilanzrelationen ein

Kosten
- Refinanzierungskosten u.U. günstiger als am Kapitalmarkt oder bei Banken (abhängig vom Rating des Unternehmens)
- Bei homogenen und gut wieder- oder weiter verwertbaren Gütern Einsparpotentiale durch Skaleneffekte sowie umfassende Markt- und Produktkompetenz des Leasinganbieters (vgl. Steiner 2004)

Kreditfinanzierung 3.4

Leasingquote in Deutschland steigt ständig

- 18,4 Prozent der gesamten Bruttoanlageinvestitionen (ohne Wohnungsbau) wurden 2003 über Leasing finanziert
- Die Mobilienleasingquote lag 2003 bei rund 23 Prozent

Entwicklung der Leasingquoten 1970–2003

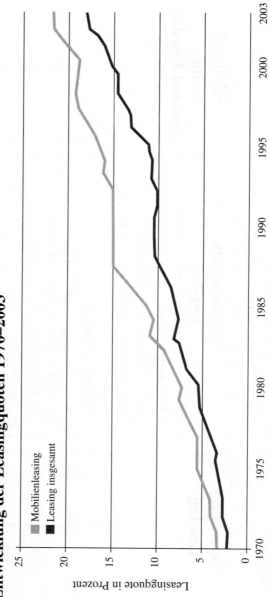

(Quelle: Ifo-Institut)

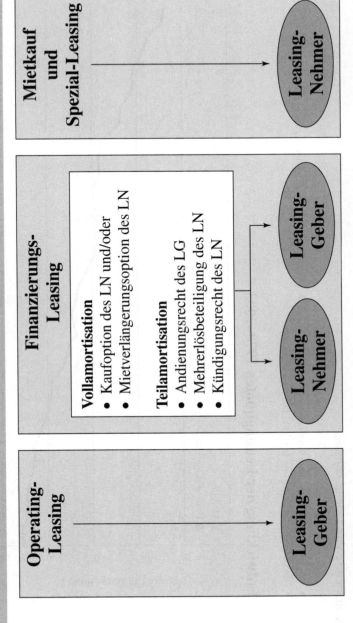

(Quelle: PricewaterhouseCoopers)

Klassifikationskriterien für Finance Lease versus Operating Lease (IFRS)

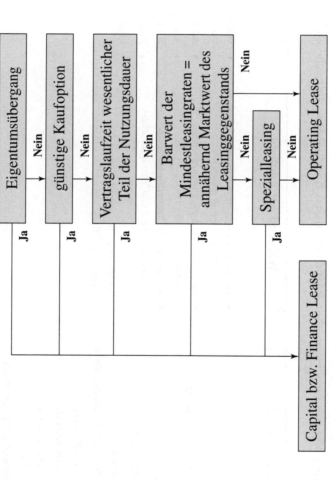

(Quelle: Ernst & Young)

Bei der Beurteilung von Leasingangeboten sind neben den Konditionen zahlreiche andere Faktoren zu bewerten

Bei Vertragsabschluss

- Vertragsart
- Laufzeit
- Zahlungsweise (vor-/nachschüssig; monatlich/quartalsweise)
- Vor-/Nachmieten
- Flexibilität/Kündigungsmöglichkeiten
- Austausch-Optionen
- Erfahrung und Seriosität des Leasinggebers
- Ergänzende Serviceleistungen
- Vorauszahlungen erforderlich
- Rechtlich einwandfreie und seriöse Vertragsbedingungen
- Bilanzneutralität nach US-GAAP/IFRS möglich
- Ausweitung auf andere Länder möglich

Während der Laufzeit

- Erweiterungen/Aufrüstungen mit einheitlichem Laufzeitende möglich
- Erreichbarkeit der kaufmännischen Abwicklung
- Kompetente und zuverlässige Ansprechpartner in Service und Vertragsbearbeitung
- Vertriebliche Betreuung auch nach Vertragsabschluss

Bei Vertragsende

- Wahlmöglichkeiten zwischen Kauf, Verlängerung und Rückgabe
- Anschlussangebote
- Anrechnung von evtl. Anschlussangeboten
- Rückgabemodalitäten klar geregelt
- Ergänzende Serviceleistungen

Sale-and-Lease-Back-Verfahren

- Bereits vorhandene Wirtschaftsgüter aus dem Anlagevermögen des Unternehmens (häufig Grundstücke und Gebäude) werden an eine Leasinggesellschaft verkauft („sale") und im gleichen Zug wieder zurückgeleast („lease back")

- Nutzung des Verkaufspreises zur Darlehenstilgung und somit Verbesserung der Kapitalstruktur

- Nachteil: Leasingrate enthält neben den Finanzierungskosten auch die Verwaltungskosten und Gewinnmarge des Leasinggebers. Die Leasingrate ist deshalb in der Regel höher als eine vergleichbare Finanzierungsrate.

Factoring als Ankauf von Forderungen aus Waren- und Dienstleistungsgeschäften

Factoring ist

- der laufende Ankauf von kurzfristigen Forderungen aus Waren- und Dienstleistungsgeschäften durch Abtretung (vgl. §§ 398 und 433 BGB) und

- deren Verwaltung durch einen Factor (Zessionar) aufgrund langfristiger Rahmenvereinbarungen

Offenes Factoring (notifiziertes Factoring) ist

- allgemein übliche Form des Factoring, bei dem die Debitoren über die künftige Zusammenarbeit mit dem Factor informiert werden (Offenlegung der Forderungsabtretung)

- Gegensatz: Nicht-notifiziertes Factoring

Funktionsweise des Factoring

Abnehmer/ Debitor/ Drittschuldner

1. Liefervertrag
2. Lieferung der Ware
3. Information

4. Factoring-Vertrag
4a. Verkauf der Forderungen
4b. Zahlung des Gesamtwertes aller Forderungen unter Risikoübernahme
4c. Bonitätsprüfung
5. Abnehmer bezahlt den Factor
6. Forderungseinzug falls erforderlich

Hersteller/ Zedent

Factor/ Zessionar

Drei Funktionen des Factoring können miteinander kombiniert werden (1)

- Erstens: Finanzierungsfunktion:

  - unmittelbare Liquidität für den Forderungsverkäufer durch sofortige Auszahlung von bis zu 90 % des Forderungswertes (spätestens jedoch bei deren Fälligkeit)

  - es sind keine Banksicherheiten zu stellen

  - Kostenreduktion durch sofortige Bereitstellung von Liquidität

  - Verringerung des Forderungsbestandes

  - Nutzung von Skontierungsmöglichkeiten

  - Nutzung von Preisschwankungen beim Einkauf

  - Gesicherte Finanzplanung

  - Gewährung längerer Zahlungsziele

Drei Funktionen des Factoring können miteinander kombiniert werden (2)

- Zweitens: Risikoabsicherungsfunktion (Delkrederefunktion):
  - Übernahme des Ausfallrisikos bis zu 100%
  - permanente Bonitätsanalyse der Debitoren

- Drittens: Servicefunktion (aktives Debitorenmanagement):
  - Forderungsverwaltung
  - Fakturierung und Zahlungsverkehr
  - Mahnwesen und Inkasso bzw. Rechtsverfolgung

Factoring-Varianten und -Funktionen

Funktionen / Varianten	Finanzierung	Delkredere	Service
Standard-Factoring	✓	✓	✓
Fälligkeits-Factoring	–	✓	✓
Unechtes Factoring[1]	✓	–	✓
Inhouse-Factoring	✓	✓/–	–
Corporate Debit-Service	–	–	✓

[1] Keine Übernahme der Haftung durch den Factor

Beurteilung des Factoring

Kosten des Factoring bestehen aus

- den Finanzierungskosten für den Barvorschuss (Zinsen in Höhe banküblicher Sätze für Kontokorrentkredite)
- einer Factoring-Gebühr zwischen 0,5 und 4 % des Umsatzes für die Dienstleistungen des Factors sowie
- einer Gebühr zwischen 0,8 und 2,5 % des Umsatzes für die Risikoübernahme (Delkredere) entsprechend der Bonität einzelner Schuldner

Nutzen des Factoring umfasst

- Liquiditätsverbesserung und Entlastung von Kreditlinien
- Bilanzstrukturverbesserung durch sinkenden Verschuldungsgrad
- Reduzierung der Gewerbeertragsteuerbelastung durch Senkung der Dauerschulden
- Diversifikation der Finanzierungsquellen bzw. Reduzierung der Abhängigkeit von Bankkrediten

3.4.4 Langfristige Kreditfinanzierung durch Banken

Syndizierter Kredit

Definition: Bei einem syndizierten Kredit vereinbaren zwei oder mehrere Banken mit einem Kreditnehmer, ihm auf Basis eines gemeinsamen Kreditvertrages einen Kredit zu gewähren

Vorteile für das Unternehmen:
- Aufbringung einer Finanzierung, die für eine einzelne Bank zu groß wäre
- Zeitersparnis für den Kreditnehmer, da er nur mit dem Arranger/Agent kommuniziert
- Erweiterung der Bankkontakte
- „Eintrittskarte" bei erstmaliger Aktivität in neuen Märkten
- Internationale Publizität

Vorteile für die beteiligten Banken:
- Erstmalige Kreditbeziehungen zu neuen Kunden
- Breitere Risikostreuung ohne substantiellen Marketingaufwand
- Verbesserte sekundäre Weiterplatzierungsmöglichkeit aufgrund einer einheitlichen Dokumentation
- Nutzung der Erfahrung und des Strukturierungs-Knowhows anderer Banken

Bei Konsortialkrediten (syndicated loans) lassen sich drei grundsätzliche Syndizierungsstrategien unterscheiden

Syndizierungsstrategie	Volumen	Beschreibung
Club Deal	klein	• Eine geringe Anzahl der Hausbanken wird zur Teilnahme an der Transaktion eingeladen und erklärt gemeinsam ihr Commitment. • Alle Banken stellen den (annähernd) gleichen Kreditbetrag zur Verfügung.
Breite Syndizierung	mittel und groß	• Eine größere Anzahl von Banken wird eingeladen. • Die Banken können zwischen verschiedenen Beteiligungsbeträgen wählen.
Zweistufige Syndizierung	groß (insbes. Akquisitionsfinanzierung)	• Den engsten Hausbanken wird ein Sub-Underwriting zu höheren Beteiligungsbeträgen angeboten (danach entsprechend der breiten Syndizierung).

Schuldscheindarlehen: Überblick

- Schuldscheindarlehen sind Großdarlehen, die gegen Schuldscheine von Banken und anderen Kapitalsammelstellen an Industrieunternehmen und an die öffentliche Hand ausgegeben werden.

- Der Schuldschein enthält die Verpflichtung zur Rückzahlung des Darlehens sowie zur Entrichtung der vereinbarten Kosten (Zinsen, Bearbeitungsgebühr) und dient zum Beweis für die Herausgabe des Darlehens.

- Teilbeträge eines Gesamtdarlehens können abgetreten werden.

- Schuldscheine über Teilbeträge können ausgestellt werden.

- Schuldscheindarlehen werden nicht über die Börse gehandelt.

Schuldscheindarlehen: Merkmale (1)

Emittent:	Größere mittelständische Unternehmen, unabhängig von der Rechtsform sowie börsennotierte Unternehmen
Emissionsvolumen:	Ab 10 Mio. Euro
Rating:	Kein externes Rating erforderlich, nur ein internes Rating der arrangierenden Bank
Schuldurkunde:	Kein Wertpapier, nur beweiserleichterndes Dokument, Übertragung durch Zession
Dokumentation:	Kreditvertrag mit Abtretungserklärung
Fungibilität:	Begrenzte Fungibilität, da nur im außerbörslichen Handel übertragbar
Kreditgeber:	Ausschließlich begrenzter Kreis institutioneller Investoren (z.B. Banken, Versicherungen)
Zeitrahmen der Platzierung:	2 bis 3 Monate
Publizität/Dokumentation:	Keine öffentliche Publizitätspflicht, nur gegenüber Gläubigern

Schuldscheindarlehen: Merkmale (2)

Investor Relations: Lediglich bilateraler Informationsaustausch mit Arrangeur des Schuldscheindarlehens

Kosten: Zinsen abhängig von Bonität und Kapitalmarktlage, merklich niedrigere laufende Nebenkosten als bei einer Unternehmensanleihe; sie liegen bei ca. 1 % des Nominalwertes

Übliche Covenants:

EK-Quote	$\geq 25\%$	
Net Debt/EBITDA	bis max. 4 x	
EBITDA/Netto-Zins-Deckung	min. 3,5 x	

Schuldscheindarlehen: Beurteilung

- Als Finanzierungsinstrument für Unternehmen des Mittelstandes gewinnt das Schuldscheindarlehen zunehmend an Bedeutung.

- Finanzierungsalternative für börsennotierte Unternehmen

- Die Emission eines Schuldscheindarlehens ist ein erster Schritt in Richtung Kapitalmarktfinanzierung.

- Sie können seitens der arrangierenden Bank ganz oder teilweise an institutionelle Investoren abgetreten werden.

- Diversifikation des Anlegerspektrums

- Unternehmen mit guter Bonität erhalten auf diese Weise eine kapitalmarktnahe Finanzierung, die sich im Vergleich zu einer Anleihe mit geringerem administrativen Aufwand sowie kostengünstiger platzieren lässt.

3.4.5 Langfristige Kreditfinanzierung am Kapitalmarkt

Unternehmensanleihe (Corporate Bond): Überblick

- Diese Finanzierungsquelle bietet die Möglichkeit, hohe Kapitalbeträge zu langen Laufzeiten aufzunehmen. Unternehmensanleihen sind verbriefte Inhaberschuldverschreibungen.

- Unternehmensanleihen sind Schuldverschreibungen, die in der Regel nicht mit Sicherheiten unterlegt sind.

- Die Verzinsung der Anleihe richtet sich daher nach dem Rating, also der Bonität des Unternehmens. Ein Unternehmen mit einem niedrigen Rating wird für das damit verbundene Risiko ihre Anleihe mit einem höheren Zinssatz begeben müssen (und umgekehrt).

Unternehmensanleihe: Merkmale (1)

Emittent: Emissionsfähige Unternehmen (in der Regel nur große Aktiengesellschaften mit Zulassung zum Börsenhandel)

Emissionsvolumen: Mindestens 200 Mio. Euro

Rating: In der Regel externes Rating erforderlich

Schuldurkunde: Wertpapier; Übertragung durch Einigung und Übergabe

Dokumentation: Verkaufsprospekt

Fungibilität: Hohe Fungibilität durch Zulassung zum Börsenhandel

Kreditgeber: Anonymer Kapitalmarkt mit institutionellen und privaten Investoren

Unternehmensanleihe: Merkmale (2)

Zeitrahmen der Platzierung: 3 bis 6 Monate

Publizität: Publizitäts- und Börsenprospektpflicht des Schuldners

Investor Relations: Intensive Kapitalmarktkommunikation, insbesondere bei Platzierung großvolumiger Anleihen (Road shows)

Kosten: Zinsen abhängig von Rating und Kapitalmarktlage; in der Regel hohe Nebenkosten (externes Rating, Zulassungskosten, Konsortialprovisionen, ggf. laufende Nebenkosten) von 2,5 % bis 3,5 % des Nominalwertes einmalig, 0,125 % Zahlstellenprovision laufend

Merkmale von Unternehmensanleihen

- **Zinsstruktur**
  – Festverzinsliche Anleihen (Fix Coupon Bonds)
  – Step-Up-Coupon-Anleihen
  – Variabel verzinste Anleihen (Floater)
  – Nullkupon-Anleihen (Zerobonds)
- **Durch die Anleihen verbriefte Rechte**
  – Anleihe mit Kündigungsrechten (Calls, Puts bzw. Kombinationen aus Calls und Puts)
  – Wandelanleihe mit den Sonderformen Mandatories bzw. Exchangeables
  – Optionsanleihen
  – Gewinnschuldverschreibung
- **Fälligkeit des Tilgungsbetrages**
  – Endfälligkeit-Bullet Bonds
  – Sinking Fund Feature
  – Festlegung des Tilgungszeitpunktes per Los
- **Rang bzw. Besicherung**
  – Senior/Junior Strukturen
  – Subordinated Strukturen
  – Gedeckte Instrumente (Pfandbriefe)
  – Asset Backed Securities
- **Währung**
  – Single Currency Bond
  – Dual Currency Bonds
  – Strukturierte Bonds mit Wahlrecht
- **Laufzeit**
  – Bills mit Laufzeiten bis fünf Jahre
  – Notes mit einer Laufzeit von fünf bis zehn Jahren
  – Bonds mit einer Laufzeit von über zehn Jahren
- **Platzierung**
  – Öffentliche Platzierung
  – Privatplatzierung
- **Underlying**
  – Standardbonds mit im vorhinein festgelegten Cashflows
  – Strukturierte Bonds, bei denen die Cashflows von der Entwicklung eines Underlying abhängen

(vgl. Permoser/Kontriner 2004, S. 844 f.)

Ablauf einer Anleihenemission

Vorbereitungsphase

- Bestimmung des Finanzierungsbedarfs (Höhe, Dauer, Cashflows, steuerliche Gesichtspunkte etc.)
- Bewertung des Kapitalmarktes hinsichtlich Zinsentwicklung und Kapitalmarktverfassung (Angebot/Nachfrage in einzelnen Marktsegmenten)
- Kontaktaufnahme mit potenziellen Partnerbanken
- Erstberatung durch die potenziellen Partnerbanken
- „Grobbestimmung" der Kreditqualität
- Erstellung eines indikativen Angebots durch die eingeladenen Banken
- Auswahl des geeigneten Marktes und eines Lead Managers

Konzeptionsphase

- Emittent und Lead Manager strukturieren die Anleihe und legen den Spread fest
- Eingehende Unternehmensanalyse durch den Lead Manager
- Auf der Analyse aufbauende Unternehmenspräsentation durch den Lead Manager
- Erstellung eines internen oder externen Rating
- Zusammenstellung des Syndikats durch den Lead Manager
- Vorbereitung der Dokumentation und Verträge
- Ausarbeitung einer Marketing-Strategie

Umsetzungsphase

- Road Show
- Umsetzung der Marketing-Strategie
- Pricing der Anleihe
- Begebung (Launch) der Anleihe
- Betreuung des Unternehmens, aber auch des Marktes im Anschluss an die Emission
- Preisstellung und Kurspflege in der entsprechenden Anleihe
- Listing an einer Börse

Emissionskosten von Anleihen

Fixe Emissionskosten

- Honorare für Wirtschaftsprüfer
- Aufwand für Finanzkommunikation (Entwicklung einer Marketing-Strategie, Road Show etc.)
- Rating Advisory
- Kosten eines Rating durch externe Agenturen (Moody's, S&P, etc.)
- Beratungsentgelt für die von Banken übernommenen Tätigkeiten:
  - Unternehmensanalyse und Research
  - Eventuell Erstellung eines Rating durch die Bank
  - Syndikatsführung
  - Erstellung des Wertpapierprospekts
  - Vertragserstellung und Dokumentation
  - Börseneinführung
  - Preisstellung und Kurspflege
  - Prämie für die Übernahme einer Platzierungsgarantie durch die Banken
- Entgelt für die Übernahme der Zahlstellenfunktion
- Finanztechnische Zusatzleistungen:
  - Kosten für einen auf der Emission aufsetzenden Swap
  - Kosten einer Option
  - Kosten eines Zins- oder Währungshedges

Variable Kreditkosten

- Referenzzinssatz
- Risikoaufschlag

(Quelle: Permoser/Kontriner 2004, S. 864 f.)

Unternehmensanleihe: Beurteilung

- Hohe Publizitätswirkung bei Emissionen von Unternehmensanleihen
- Diversifikation der Finanzierungsquellen
- Schonung von Banklinien
- Marktvorbereitung für zukünftige Emissionen im Eigenkapital-Bereich
- Hohes Volumen mit einer einzelnen Emission möglich
- Verbreiterung der Investorenbasis
- Zinsänderungsrisiko durch Zinsderivate steuerbar
- Durch flexible Strukturierungen (Fixed Rate/Floater, Senior/Subordinated) kann die Finanzierung auf die individuellen Bedürfnisse des Unternehmens zugeschnitten werden.

MTN- und CP-Programme als Emissionsinstrument

Commercial Papers (CP's):
- Unbesicherte Schuldverschreibungen, die von Unternehmen mit einer Laufzeit von 7 Tagen bis zu 2 Jahren emittiert werden.
- Banken verpflichten sich im Rahmen von CP-Programmen, den Absatz der CP's technisch zu organisieren, übernehmen jedoch keine Garantie für den Absatz der Papiere.
- Emissionskosten stehen Zinsvorteile gegenüber einer direkten Kreditaufnahme gegenüber.
- CP-Programme werden teilweise zur Feinsteuerung des Umlaufvermögens aufgelegt.
- In der Regel Emission auf abgezinster Basis; Rückzahlung zum Nennbetrag

Programme:
- Programme sind eine sehr effiziente Methode zur häufigen Emission kleinerer Anleihen im Bereich mittlerer und zunehmend auch längerer Laufzeiten.
- Nach einer detaillierten erstmaligen Dokumentation ist lediglich eine jährliche Aktualisierung des Programms notwendig (→ Vereinfachung des Emissionsprozesses).
- Ein Emittent mit Emissionsprogramm wird von den Märkten eher wahrgenommen und erhält mehr Aufmerksamkeit von Investoren

Praxisbeispiel: Umsetzungsalternative Commercial Paper versus Anleihe

	Commercial Paper	Anleihe
Finanzierungskosten	• Geringe up-front Kosten • Variabler Zins + Gebühren	• Hohe up-front Kosten • Variabler oder fester Zins
Volumen	• Schwankende Volumina	• Fester Betrag bei Emission
Platzierung	• Liquidität garantiert	• Underwriting Fee für Platzierung
Implementierung	• Schnelle Umsetzung aufgrund bestehender Struktur	• Struktur muss neu aufgesetzt werden

 Entscheidung für CP aufgrund der Möglichkeit schwankender Volumina und der bereits bestehenden Struktur

3.4.6 Langfristige Kreditfinanzierung durch Private Placement

Private Placements sind maßgeschneiderte, nicht-öffentliche Direktfinanzierungen

Merkmale Private Placement

- Verschuldungsinstrument, das direkt von einem Emittenten an einen oder mehrere institutionelle Investoren verkauft wird.
- Individuell verhandelte Struktur, bei der die Konditionen und Covenants auf die Bedürfnisse des Emittenten abgestellt sind (häufig: Fixed Rate Notes)
- Lange Laufzeiten: häufig zwischen 7 und 15 Jahren (bis zu 30 Jahren)
- Kein etablierter Sekundärmarkt; Investoren kaufen und halten bis zur Fälligkeit
- Hochprofessionelle Käufer
- Anforderungen an Emittenten sind niedriger als im öffentlichen Kapitalmarkt (z.B. kein externes Rating erforderlich)

Motive für ein Private Placement

- Verbreiterung und Diversifikation der Finanzierungsquellen
- Lange Laufzeiten verfügbar
- Zugang zum US-Kapitalmarkt ohne SEC-Registrierung
- Rating nicht erforderlich
- Vertraulichkeit und Diskretion
- Kostengünstige und schnelle Durchführung möglich
- Hocheffizienter Markt
- Hedging von US $ Aktiva/Cash flows

Typisches Profil von Unternehmen, die Private Placements begeben

- Umsatz 250 Mio Euro – 5 Mrd. Euro
- Kapitalisierung: > 100 Mio Euro
- Industrie- bzw. Dienstleistungsunternehmen
- Profitabel mit positivem Cash flow
- Finanzierungsvolumen > 25 Mio Euro
- Limitierter Zugang zum öffentlichen Kapitalmarkt (aber auch große, geratete Unternehmen mit bereits vorhandenen Kapitalmarktemissionen)
- Geringer und/oder unregelmäßiger Kapitalbedarf

Der Private Placement-Markt im Überblick

- Der US-Markt ist der am längsten etablierte und wettbewerbsintensivste Private Placement-Markt

- Investoren erfüllen in der Regel freiwillig die Ratinganforderungen der National Association of Insurance Commissioners (NAIC)

- Große Anleger, vor allem Versicherungen und Pensionsfonds (bis zu 150 Mio Euro in einer Einzeltransaktion möglich)

- Flexible Bedingungen und Konditionen

- Investoren verfügen über spezielle Transaktionsteams, die u.a. vor Ort Kreditanalyse durchführen

- Wenige Investoren in Europa, die nach dem US-Modell arbeiten

NAIC-Ratings

- Formale Ratings für Privatplatzierungen nicht erforderlich

- Bewertung von Transaktionen nach Abschluss von der National Association of Insurance Commissioners (NAIC), einer Aufsichtsbehörde für die US-Versicherungswirtschaft

- Im allgemeinen keine Einbeziehung des Emittenten in den Rating-Prozess

- Sofern die Emission über ein Rating (z.B. Moody's oder S&P) verfügt, erfolgt das NAIC-Rating in der Regel nach nachfolgender Zuordnung:

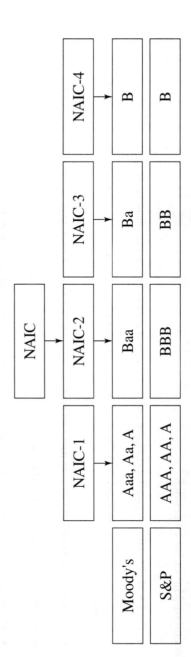

Beispiele von Private Placements deutscher Unternehmen im 1. Halbjahr 2004

Datum	Emittent	Währung	Volumen (Mio)	Typ	Laufzeit (Jahre)	Konditionen (bps über US Treasuries)	Branche
Februar 2004	Porsche AG	US $	625	Senior	7, 10, 12, 15	80, 85, 100, 120	Autohersteller
März 2004	Dräxlmaier GmbH	US $	400	Senior	5, 7, 10	178, 183, 188	Autozulieferer
April 2004	Carl Zeiss Inc.	US $	70	Senior	5	110	Optik
Mai 2004	Vossloh AG	US $	240	Senior	10, 12	120, 135	Bahntechnik
Mai 2004	Volkswagen AG	US $	660	Senior	3, 4, 5, 7	95, 100, 105, 110	Autohersteller

(Quelle: ABN Amro)

Fallbeispiel: Private Placement von Porsche in 2004

- In 2004 erstmalige Privatplatzierung von Porsche
- Porsche ist nicht extern geratet
- Geplantes Volumen von 300 Mio US $ für allgemeine Unternehmenszwecke
- Gründe für die Emission
  - Kostengünstige Aufnahme von langfristigem Kapital
  - Gewährleistung der Unabhängigkeit von Banken

Fallbeispiel: Ablauf des US Private Placement von Porsche

Bankenauswahl

- Vorgespräche mit geeigneten Banken
- Erarbeitung von Emissionsbedingungen und Versand in einem Request for Proposal an mehrere Banken
- Auswahl von 2 Banken; Kriterien:
  - Markterfahrung
  - Eingehen auf Bedürfnisse
  - Price Range
  - Kosten
  - Beziehung/Chemie

Dokumentation

- Entwurf des Note Purchase Agreement vom Porsche-Anwalt
- Erarbeitung des Private Purchase Memorandum (PPM) gemeinsam mit der Bank

Roadshow

- Roadshow-Unterlagen auf Basis des PPM
- 2 Tage US-Roadshow (Präsentationen, Telefonkonferenzen und one-on-one-Gespräche)
- Erfolgsfaktoren Roadshow:
  - Inhalt, Vortrag und Antworten aus einem Guss
  - Fokussierung

Due Diligence

- Produktpräsentation und Werksbesichtigung
- Sehr spezifische Fragen
- Alle interessierten US-Investoren vor Ort in Deutschland

Closing

- Infolge großer Nachfrage Aufstockung des ursprünglich geplanten Volumens von 300 auf 625 Mio US $
- 4 Tranchen (7–15 Jahre)
- Erfolgsfaktoren:
  - Emittent sollte seine Flexibilität kennen (Term sheet, Laufzeit, Preis)
  - Volle Transparenz der Banken gegenüber dem Emittent

(vgl. Hänsche 2004)

3.4.7 Gesellschafterdarlehen

Steuerliche Regelung der Gesellschafter-Fremdfinanzierung

- Grundlage: § 8a KStG
- Bei einer EK-Quote unter 40 % müssen Unternehmen ihre Fremdkapitalzinsen auf Gesellschafterdarlehen versteuern
- Betroffen sind nur maßgeblich beteiligte Gesellschafter
- Außerdem sollen Zinsen auf Bankkredite, für die die ein Gesellschafter haftet, versteuert werden
  → Nur relevant bei „Back-to-Back"-Finanzierung, bei der der bürgende Gesellschafter ein Guthaben bei der kreditgebenden Bank unterhält
- Freigrenze für Zinszahlungen bis 250.000 Euro
- Ziel des Gesetzes: verdeckte Gewinnausschüttungen verhindern

3.4.8 Staatliche Darlehen

Förderhilfen für Existenzgründer

ERP-Eigenkapitalhilfeprogramm
- Unbesicherte nachrangige Darlehen
- Tilgung nach 10 Jahren
- Max. € 500.000

ERP-Existenzgründungsprogramm
- Langfristige Darlehen
- Zum Start und bis zu 3 Jahre nach Gründung
- Max. € 500.000

Dta-Existenzgründerprogramm
- Darlehen
- Auch als Ergänzung zu ERP-Darlehen
- Bis zu 8 Jahre nach Gründung
- Max. € 2 Mio

DtA-Startgeld
- Zinsverbilligtes Darlehen
- Für Gründungsvorhaben
- An Personen mit fachlicher und kaufmännischer Qualifikation
- Max. € 50.000

3.5 Strukturierte Finanzierung

3.5.1 Merkmale

Merkmale Strukturierter Finanzierungen

Strukturierte Finanzierungen weisen folgende Merkmale auf:
- Multilaterale Verhandlungen mit einer Vielzahl unterschiedlicher, meist externer Spezialisten maximieren Vorteile für alle beteiligten Parteien (Hersteller, Nutzer, Transaktionskoordinator, Finanzierer)
- Harmonisierung unterschiedlicher Interessen (Anteilseigner, Finanzierer) führt zu erhöhter Komplexität und Einsatz verschiedener Finanzierungsbausteine (Financial Engineering)

Risiken einer Finanzierung mit Hilfe des Strukturierungsansatzes sichtbar und beherrschbar machen.

Eine Investition guter Bonität abgrenzen und mit Hilfe des Strukturierungsansatzes Finanzierungseffekte realisieren sowie zusätzliche Dienstleistungen in das Gesamtpaket integrieren

Strukturierte Finanzierungen besitzen im wesentlichen Cash-flow-Charakter

Projektfinanzierung

Finanzierung für komplexe Anlagen deren Tilgung und Sicherheit einzig auf den Cashflows aus der zu finanzierenden Anlage beruht.

Gewerbliche Immobilienfinanzierung

Finanzierung von Immobilien die nicht der Eigennutzung des Erstellers dienen. Wie bei der Projektfinanzierung bilden die laufenden Einnahmen (Miete bzw. Restwert) aus den Objekten die Basis für Tilgung und Sicherheit.

Objektfinanzierung

Finanzierung von Anlagen (in der Regel Mobilien wie Flugzeugen, Schiffen, etc.) bei der die erzielbaren Cash Flows aus der Nutzung der Objekte die Basis für Tilgung und Risiko darstellen.

Warenfinanzierung

Kurzfristige Finanzierung von Waren bei der die Tilgung und Sicherheit auf dem Verkauf der jeweiligen Ware beruhen.

Cashflow-basierte Finanzierungen unterscheiden sich grundsätzlich vom klassischen Kreditgeschäft

Cashflow-basierte Finanzierungen

- Zweck ist die Finanzierung eines Assets
- Der durch das Asset erzeugte Cashflow ist praktisch ausschließliche Quelle für Rückzahlungen; das Asset ist einzige Sicherheit
- Ursache des Kreditrisikos liegt in der Variabilität des Cashflows

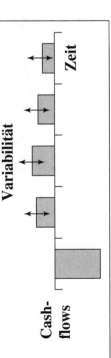

Klassisches Kreditgeschäft

- Kredit steht dem Kreditnehmer in der Regel zur teilweise freien Verwendung zur Verfügung
- Tilgung aus dem Gesamtcashflow des Kreditnehmers
- Gesamtaktiva des Kreditnehmers dienen als Sicherheiten. Zusätzlich können spezielle Sicherheiten bereitgestellt werden
- Ursache des Kreditrisikos ist die Insolvenzgefahr des Kreditnehmers

3.5.2 Asset Backed Securities (ABS)

ABS: Begriff und Ursprung

- Bei Asset Backed Securities („ABS") handelt es sich um marktgängige Wertpapiere („Securities"), deren Zahlungsansprüche i.d.R. durch Forderungen („Assets") gedeckt („Backed") sind

- ABS wurden 1971 erstmals in den USA entwickelt

- Starkes Wachstum dieser Finanzierungsform in den 1980er und 1990er Jahren

- ABS-Anwender in Deutschland: Bisher primär Banken und einige Großunternehmen

Die ABS-Finanzierung im Überblick

Unter einer ABS („Asset Backed Securities")-Finanzierung versteht man

- die einmalige oder revolvierende Bündelung von geeigneten Forderungen („Assets") eines Unternehmens (Verkäufer/Originator) zu einem Portfolio,
- das im Rahmen eines regresslosen Forderungsverkaufs an eine Einzweckgesellschaft („Special Purpose Company"-SPC) übertragen wird (stille Zession, § 398 BGB).
- Die Forderungen verschwinden aus der Bilanz des Originators. Die SPC zahlt dem Originator den Kaufpreis.
- Die SPC refinanziert sich durch die Ausgabe von Wertpapieren („Securities") am Kapitalmarkt. Die Forderungen werden „verbrieft".
- Die Bedienung der Wertpapiere wird aus den Rückzahlungen der erworbenen Forderungen (asset backed) erbracht. Vollständige Beseitigung des Zugriffs des Originators und seiner Gläubiger auf die Forderungen.

Funktionsweise von ABS

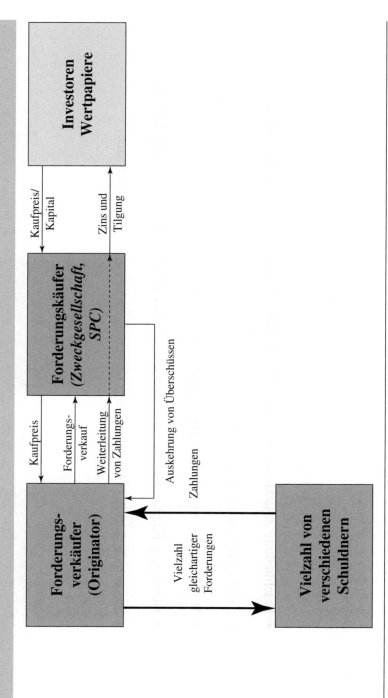

Ziele der Asset Securitization

- Liquiditätsverbesserung
- Erschließung zusätzlicher Finanzierungsquellen bzw. Reduzierung des Exposures bei Banken
- Einstieg in Kapitalmarktfinanzierung
- Verbesserung der Bilanzstruktur durch „Off-Balance"-Effekt
- Günstigere Finanzierungskonditionen im Vergleich zu anderen Finanzierungsformen
- Steuerreduzierung (Vermeidung von Gewerbesteuern auf Dauerschuldzinsen)

Wirkungen von ABS in der Bilanz des Originators

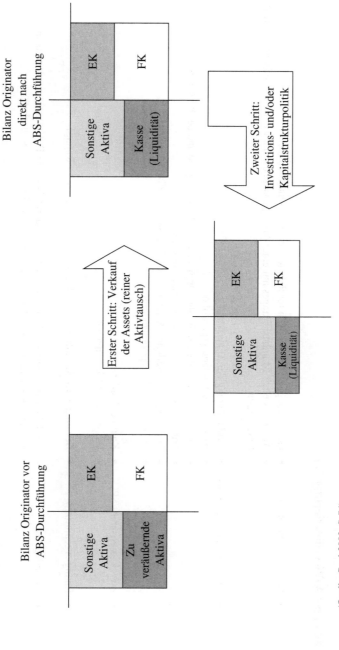

(Quelle: Paul 2003, S. 74)

Strukturierte Finanzierung 3.5

Beteiligte an einer ABS-Finanzierung (1)

- Verkäufer/Originator
  - Generierung der Forderungen im Rahmen seiner Geschäftstätigkeit
  - Abschluss eines Mandatsvertrages mit einer Arrangerbank, die die weiteren Beteiligten vorhält bzw. vorgibt

- Arrangeur/Arrangerbank
  - Strukturierung der Transaktion
  - Analyse des Forderungsportfolios
  - Analyse der Vorgehensweise des Originators bei Kreditvergabe und bei Forderungseinzug
  - Prüfung der geeigneten rechtlichen Gestaltung
  - Einladung der beteiligten Akteure, an der Transaktion teilzunehmen
  - Führung der Vertragsverhandlungen

- Zweckgesellschaft/SPC
  - Kauf der Forderungen
  - Emission von Wertpapieren

- Rating-Agentur(en)
  - Bewertung der Ausfallwahrscheinlichkeit der Wertpapiere (= Rating)

- Garantiegeber
  - Kreditbesicherungen durch den Originator oder durch Dritte (z.B. Garantie durch erstklassig gerateten Kreditbesicherer oder von einer Spezialversicherungsgesellschaft)

- Treuhänder
  - Permanente Überprüfung der ordnungsgemäßen Abwicklung

- Servicer
  - Durchführung des Forderungseinzugs und des Mahnwesens
  - In der Regel identisch mit Originator

Beteiligte an einer ABS-Finanzierung (2)

- Rechtsanwalt
- Erstellung der Vertragsdokumentation (Forderungsankaufvertrag, Service-/Forderungsverwaltungsvertrag)

- Wirtschaftsprüfer
- Bestätigung des „True Sale" im Sinne des Aktivtauschs in der Bilanz des Originators

- Steuerberater
- Steuerliche Begleitung der Transaktion

- Investoren
- Kauf der Wertpapiere

Forderungen im Rahmen einer ABS-Transaktion

- Verfügbarkeit von Daten zur Analyse des historischen Zahlungsverhaltens und der Ausfallraten (3 Jahre rückwirkend)
- Abtretbarkeit der Forderungen, d.h. sie dürfen noch nicht anderweitig zur Besicherung genutzt bzw. bereits verkauft worden sein
- Müssen vom Originator isolierbar sowie technisch und vertraglich separierbar sein
- Zahlungsansprüche dürfen nicht an Bedingungen geknüpft sein
- Nachvollziehbare Dokumentation
- Hinreichende Prognostizierbarkeit der zu verbriefenden Cash-flows

Strukturierte Finanzierung 3.5

ABS-Multiseller-Programme

Bei ABS-Multiseller-Programmen werden Forderungsportfolien mehrerer (mittelständischer) Unternehmen von einer Zweckgesellschaft auf revolvierender Basis angekauft

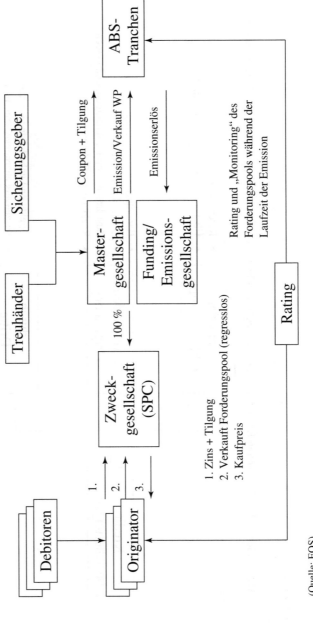

(Quelle: EOS)

Kreditbesicherungen

ABS werden i.d.R. mit mehreren Kreditbesicherungen (sog. Credit Enhancements) unterlegt (vgl. Langner 2002, S. 660f.)

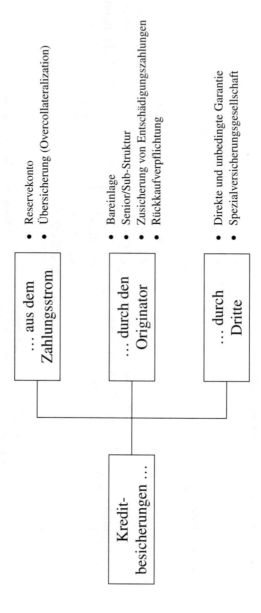

→ Die Höhe der Kreditbesicherung hängt von der angestrebten Ratingstufe der ABS ab

Strukturierte Finanzierung 3.5

Typischer Projektablauf einer ABS-Implementierung

Machbarkeitsanalyse	*Mandatierung*	*Strukturierung*	*Funding*	*Revolvierender Ankauf*
Grobanalyse des Forderungsbestandes Konzeptionserstellung	Mandatsvereinbarung mit konkretem Zeitplan und Kostenregelung Aufstellung der Projektteams	Detaillierte Portfolioanalyse (Due diligence) Prüfung des Debitorenmanagements Term Sheet und Vertragserstellung Rating Memorandum Festlegung Credit Enhancement IT-Implementierung	Unterzeichnung der Verträge Erster Forderungsankauf und Refinanzierung	Regelmäßiger Forderungsankauf Laufendes Reporting (Verfolgung der Trigger) Jährlicher Asset Audit

Kosten der Asset Securitization

Einmalige Kosten

- Strukturierungsgebühr
  ca. TEUR 450–500

- Rechtsberatungskosten
  ca. TEUR 180–200

- Ratinggebühren
  ca. TEUR 80–100

Laufende Kosten

- Programmgebühr ca. 40 BP
  (Administration, WP, Treuhänder,
  Letter of Credit, Liquiditätslinie)

- Commercial Paper Dealer Fee
  ca. 4–6 BP

- Direkte Finanzierungskosten
  ca. 1-M-EURIBOR

Kosten von ABS und wirtschaftliches Mindestvolumen

Hohe einmalige Einführungskosten ...   ... bei niedrigen laufenden Kosten

- Strukturierungsgebühren
- Dokumentationskosten
- Anpassung IT-Systeme
- Portfolio-Rating
- Bilanzielle Prüfung

- Relativ günstige Finanzierungskonditionen

→ Annualisierte Gesamtkosten für eine Verbriefung zwischen 0,7 und gut 2 Prozent zuzüglich Refinanzierungszins
→ Verbriefungsfähiges Forderungsvolumen von mindestens EUR 50 Mio sinnvoll (teilweise schon Mittelstandsverbriefungsprogramme ab EUR 20 Mio)

Vergleich ABS zu anderen Finanzierungsformen

	ABS	Kredit	Factoring
Verkauf der Forderungen	ja	nein	ja
Kapitalmarktfinanzierung auf Basis der Forderungen	ja	nein	nein
Prüfungs- und Strukturierungsaufwand	hoch	–	niedrig
Inkasso	Unternehmen	Unternehmen	i.d.R. Factoringunternehmen
Geeignete Debitorenstruktur	breite Debitorenstruktur mit wenigen Klumpenrisiken	–	wenige große Debitoren

Gegenüberstellung von Factoring und Asset Securitization

Klassisches Factoring

Bedeutet ...
- Aktivtausch: Ankauf von Warenforderungen durch Forderungskäufer (Factor)
- Komplette Übernahme des Ausfallrisikos gegen Factoring-Gebühr
- i.d.R. offene Abtretung der Forderungen
- Debitorenmanagement wird vom Factor übernommen
- Weitgehend manuelle Prozesse führen zu hohen Kosten

Setzt voraus ...
- Datentransfer und Rechnungskopien an Factor (offene Posten)
- Einzelprüfung der Debitoren (mit Kreditversicherung als „Back-Up")
- Im offenen Verfahren: Stichproben bei den Debitoren

Asset Securitization

Bedeutet ...
- Umwandlung von Zahlungsansprüchen (z.B. Forderungen) in handelbare Wertpapiere
- Teilweiser Risikotransfer; nicht verwendeter Risikoabschlag zurück an Unternehmen
- i.d.R. stille Abtretung der Forderung
- Debitorenmanagement verbleibt beim Forderungsverkäufer
- Automatisierte Prozesse führen zu niedrigen Kosten

Setzt voraus ...
- Datentransfer an Forderungskäufer (offene Posten) und Berichtswesen für das abgetrennte Vermögen auf Stand-Alone-IT
- Breit diversifiziertes Portfolio (max. Konzentration < 5 %)
- Ext. Rating des Forderungsverkäufers

Umsatz in Mio. EUR
← 500
5
50
Forderungsvolumen in Mio. EUR

(Quelle: Siemens Financial Services)

Strukturierte Finanzierung 3.5

Chancen und Risiken von ABS für die Beteiligten

Originator

+ Günstige Refinanzierungskosten

+ Transformation von Aktiva in frische Liquidität

− Behält über die zur Verfügung gestellte Besicherung Risiko

− Hohe Strukturierungskosten

Bank

+ Zusätzliche Gebühreneinnahmen

+ Kein Risiko wie beim Kreditgeschäft

Investor

+ Attraktive Anlage zur Diversifikation des Portfolios

Strukturierte Finanzierung 3.5

Fallbeispiele zu ABS-Programmen

Unternehmen	Witzenmann GmbH	Magirus AG	Georgsmarienhütte Holding GmbH
Umsatz (Mio Euro)	240	550	1.200
Branche	Automobilzulieferer	IT/Value Added Distributor	Stahl
ABS-Volumen	bis zu 35 Millionen Euro	Zwischen 30 und 150 Millionen Euro möglich	Bis zu 75 Millionen Euro
Verbriefte Assets	Deutsche Forderungen und Forderungen von französischen und spanischen Tochtergesellschaften, weitere Jurisdiktionen sind einbezogen	Exportforderungen aus Lieferungen und Leistungen	Inlandsforderungen aus Lieferungen und Leistungen
Laufzeit	5 Jahre	5 Jahre	Vorerst 5 Jahre
Gründe	Frische Mittel realisieren, Bilanzentlastung, Rating verbessern	Variabilität des Liquiditätszuflusses entsprechend den Geschäftsschwankungen, frische Liquidität, Unabhängigkeit von der Bank, Erhöhung EK-Quote	Variabilität des Liquiditätszuflusses entsprechend den Geschäftsschwankungen, frische Liquidität, Unabhängigkeit von der Bank, Vorbereitung auf zukünftige Finanzierung über den Kapitalmarkt
Herausforderungen	Prüfung der Transaktion vor Mandatierung, Einführung einer IT-Schnittstelle, Vertragswerk	Forderungen aus verschiedenen europäischen Staaten und aus verschiedenen Währungsräumen einbezogen	Realisierung der Bilanzentlastung (True Sale), Einrichtung der IT
Tipps	Vorher sehr genau überlegen, ob sich ein Programm vom Forderungsvolumen her lohnt.	Bei Mandatierung einen Vertrag für die ABS-Konstruktion geben lassen.	In den Prozess der Vorauswahl sollten schon frühzeitig Wirtschaftsprüfer und Rechtsanwälte eingebunden werden.

(Quelle: Finance-Studien Asset Backed Securitization 2005)

3.5.3 Projektfinanzierung

Projektfinanzierung: Überblick

Definition: Finanzierung einer abgegrenzten, sich selbst tragenden Wirtschaftseinheit, bei der die Banken vornehmlich auf die zukünftigen Cash flows und die Aktiva des Vorhabens abstellen.

Merkmale:
- keine Unternehmenshistorie/Gründungsfinanzierung
- Cash flow related Lending
- Zahlreiche Projektverträge
- Hohes Volumen
- In der Regel non-recourse (oder zumindest limited recourse) financing
- Risikoteilung zwischen den Beteiligten
- U.U. Off balance-Finanzierung

Strukturierte Finanzierung 3.5

Geschichtliche Entwicklung der Projektfinanzierung

1920er Jahre	⇨	Finanzierung von Förderanlagen zur Erdölerschließung in Texas
1930er Jahre	⇨	Öl- und Gasvorkommen werden als Kreditversicherung akzeptiert.
1960er Jahre	⇨	Bergbauprojekte in Entwicklungsländern Bau des Suez-Kanals
1970er Jahre	⇨	Nordseeölprojekt Projektfinanzierung erstmals in Europa eingesetzt.
1980er Jahre	⇨	Transport-, Kraftwerks-, Chemie-, Agrar- und Immobilienprojekte
1990er Jahre	⇨	Tunnel im Ärmelkanal

Strukturierte Finanzierung 3.5

Zahlreiche und häufig komplexe Projektverträge bilden die Grundlage der Projektfinanzierung

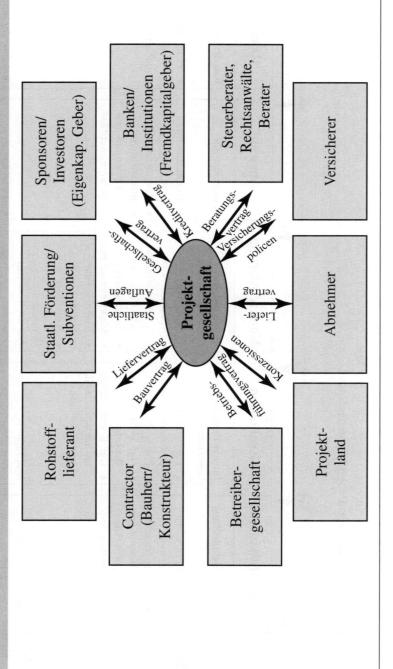

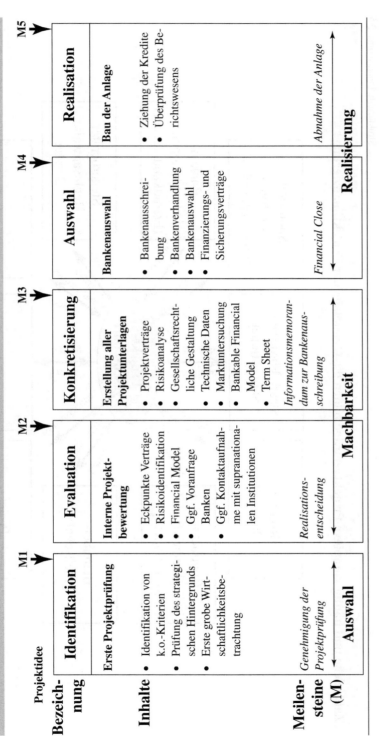

Determinanten der Cashflows unterscheiden sich deutlich von Risikofaktoren gewöhnlicher Kredite

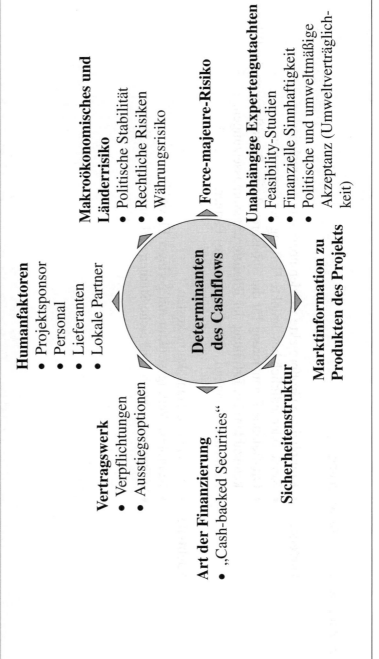

Beurteilung der Projektfinanzierung

Vorteile:
- Komplizierte Großprojekte werden überhaupt erst realisierbar.
- Keine oder lediglich beschränkte Haftung der Sponsoren.
- Off-Balance Finanzierung für die Sponsoren (keine Beeinflussung der Bilanzkennzahlen) bei Erfüllung der Bilanzierungsvoraussetzungen.
- Risikoaufteilung auf viele (kompetente) Partner.

Nachteile:
- (Sehr) hohe Transaktionskosten.
- Komplexe Vertragsstruktur mit geringer Flexibilität.
- Zeitintensiv durch zahlreiche Studien und lange Verhandlungen.

3.6 Akquisitionsfinanzierung

Wahl der „Akquisitionswährung": Wie werden die Aktionäre des Zielunternehmens bezahlt?

Angebot des Bieters	Vermögenszufluss bei den Aktionären des Zielunternehmens
Cash Offer	Fester Zahlungsmittelbetrag, ggfls. sonstige Vermögensgegenstände.
Share Offer	Festgelegte Anzahl von Aktien – der übernehmenden Gesellschaft, – eines Konzernunternehmens, – einer dritten Gesellschaft.
Convertible Loan Offer Preferred Shares Offer	Festgelegte Anzahl von Wandelobligationen oder Vorzugsaktien, ggfls. auch von Schuldverschreibungen.
Mixed Offer	Festgelegte Anzahl von Aktien bzw. bestimmter Zahlungsmittelbetrag als Alternative für jeden Aktionär des Zielunternehmens.
Cash Underwritten Share Offer (Vendor Placing)	Festgelegte Anzahl von Aktien des übernehmenden Unternehmens, die an eine Bank gegen festen Zahlungsmittelbetrag verkauft werden.
Deferred Payment	Fester Zahlungsmittelbetrag zuzüglich einer Zuzahlung, sofern bestimmte Performanceziffer übertroffen wird.

(Quelle: Rudolph 2000, S. 134)

Kriterien zur Wahl der „Akquisitionswährung"

Bestimmender Faktor	Cash Offer	Stock Offer
Informationsnachteil des übernehmenden Unternehmens gegenüber dem Zielunternehmen oder gegenüber Zielunternehmen mit stark risikobehafteten Investitionsprojekten.		+
Vergleichsweise niedriger Zahlungsmittelbestand bzw. niedriger Cash-flow im Verhältnis zur Größe des Zielunternehmens.		+
Hoher Zahlungsmittelbestand bzw. hoher Cash-flow des übernehmenden Unternehmens.	+	
Shareholder Value orientierte Corporate Governance des übernehmenden Unternehmens bei großem Zielunternehmen	+	
starke Kontrollaktionäre,		
hoher Manageranteil am Eigenkapital.	+	
Übernehmendes Unternehmen mit vielfältigen kapitalwertpositiven Investitionsmöglichkeiten.		+
Gute Konjunkturlage bzw. gute Finanzmarktverfassung.		+
Tender Offer (über Management der Zielgesellschaft hinweg direkt an die Aktionäre).	+	

(Quelle: Rudolph 2000, S. 140)

Finanzierungsarten im Rahmen von Akquisitionen

Anfinanzierung durch Brückenkredit

- Revolvierende Kreditlinien
- Liquiditätslinien
- Garantien/Bürgschaften

Refinanzierung am Kapitalmarkt

- Unternehmensanleihen
- Syndizierte Kredite
- CP-Programme
- EMTN-Programme
- Wandel-/Optionsanleihen
- Kapitalerhöhungen
- Asset Securitisation

Innenfinanzierung

- Free Cash-flow aus Bestand oder Akquisitionsobjekt
- Erträge aus Desinvestments

Akquisitionsfinanzierung 3.6

Prüfung verfügbarer Finanzierungsressourcen als erster Schritt bei Akquisitionen

- Bestehende Kreditlinien
- Freier Cash-flow aus Bestand oder Akquisitionsobjekt
- „Kriegskasse"
- Syndizierter Kredit (neu)

- Syndizierter Kredit
- Unternehmensanleihen / Wandel- und Optionsanleihen
- Public Offerings
- Asset Securitisation
- Cash-flow basierte Projektfinanzierungen
- Desinvestments / Spin-offs

Ad-hoc verfügung

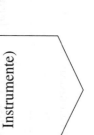

Mittel-/Langfristig (ggf. Ablösung der ad-hoc Instrumente)

Akquisitionsfinanzierung 3.6

Phasen einer Akquisitionsfinanzierung

Kreditwürdigkeitsprüfung

- Review der der Akquisition zugrunde liegenden Due diligence Berichte
- Due diligence der Erwerbsdokumentation
- Prüfung der für die Kreditbesicherung relevanten Gegenstände
- Ggfs. Review eines Akquisitionsstrukturierungsgutachtens

Termsheet und Kreditzusage

- Termsheet: Auflistung der grundlegenden Konditionen und Bedingungen einer Kreditierung
- Annahme des Finanzierungsangebotes durch den Kreditnehmer
- Kreditzusage durch die Bank auf Basis des vereinbarten Termsheets (evtl. Gremienvorbehalt)
- Überlegungen zu einer weiteren Finanzierungsstrukturierung

Kreditvertragsverhandlungen

- Erstellung der Finanzierungsdokumentation
- Kreditvertrag
- Sicherheitenverträge
- Gegebenenfalls Konsortialvereinbarung

Auszahlung

- Auszahlung erst nach Vorliegen der im Kreditvertrag vereinbarten Voraussetzungen
- In der Regel Zug-um-Zug-Abwicklung

Fallbeispiel: Akquisitionsfinanzierung in der Linde-Gruppe

Erwerb von AGA

- Akquisitionsankündigung im August 1999
- Kaufpreis: 3,6 Mrd. Euro in bar
- Seit Dezember 2000 100% der AGA-Aktien von Linde gehalten

Zentrale Fragestellungen der Akquisitionsfinanzierung

- Kapitalbedarf und Finanzierungszeitraum
- Finanzierungsinstrumente (z.B. bilaterale/syndizierte Bankkredite, Medium Term Notes, Anleihen, Commercial Papers, Eigenkapitalerhöhung)
- Rating und Investor Relations
- Kapitalmarktsituation (z.B. Akzeptanz von Finanzierungsinstrumenten durch Investoren)
- Kosten

Gewählte Finanzierungsstrategie

- Kombination aus Kapitalmarkt- und Bankenfinanzierung
- Brückenfinanzierung und syndizierter Kredit (3,6 Mrd. Euro)
- Emission von Eigenkapital (1,5 Mrd. Euro)
- Ratings von Standard & Poors und Moody's
- Gründung einer Finanzierungsgesellschaft (Linde Finance)
- Medium Term Note-Programm (4 Mrd. Euro)
- Erstmalige Emission einer Anleihe (1 Mrd. Euro)
- Commercial Paper Programm (1 Mrd. Euro)

3.7 Immobilienfinanzierung

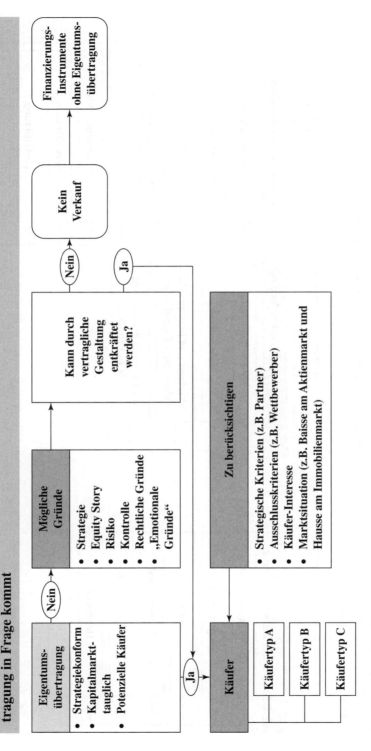

(vgl. Boston Consulting Group)

Immobilienfinanzierung 3.7

Für den Fall einer Eigentumsübertragung sind die Käufergruppe und das gewünschte Nutzungsmodell strategisch zu bewerten

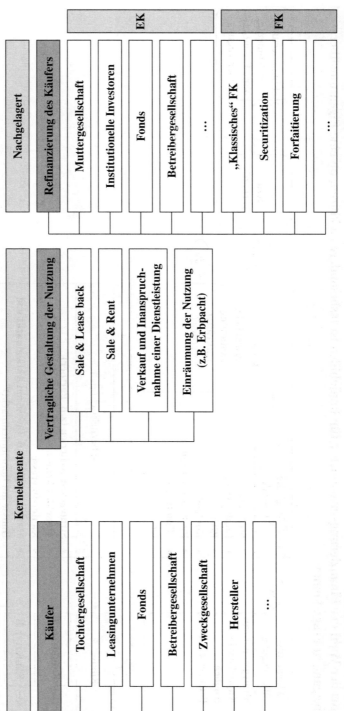

(Vgl. Boston Consulting Group)

Käufergruppen differieren hinsichtlich ihres Investmentfokus

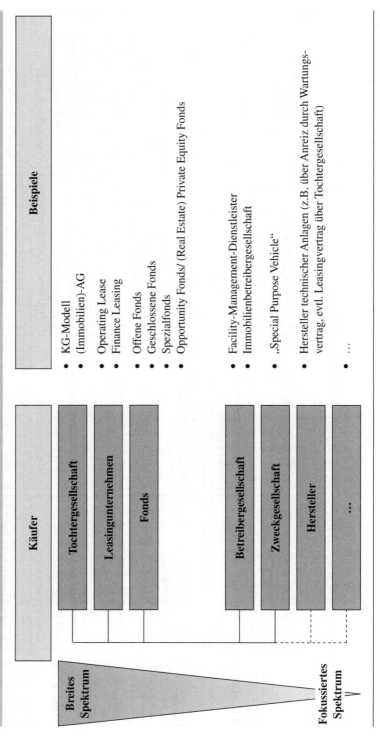

Käufer	Beispiele
Tochtergesellschaft	• KG-Modell • (Immobilien)-AG
Leasingunternehmen	• Operating Lease • Finance Leasing
Fonds	• Offene Fonds • Geschlossene Fonds • Spezialfonds • Opportunity Fonds/ (Real Estate) Private Equity Fonds
Betreibergesellschaft	• Facility-Management-Dienstleister • Immobilienbetreibergesellschaft
Zweckgesellschaft	• „Special Purpose Vehicle"
Hersteller	• Hersteller technischer Anlagen (z.B. über Anreiz durch Wartungsvertrag, evtl. Leasingvertrag über Tochtergesellschaft)
...	• ...

Breites Spektrum → Fokussiertes Spektrum

Immobilienfinanzierung 3.7

Vergleichende Bewertung von Finanzierungsmodellen für Immobilien

	Sale & Lease back	Immobilienfonds	KG-Modell	Asset-backed Securities
Erklärung	Verkauf eines Anlageguts und Abschluss eines Leasingvertrags	Übertragung der Immobilien in offene/geschlossene Immobilienfonds	Übertragung der Immobilien in KG, sowie Beteiligung an derselben	Liquidierung von Forderungen
Kosten	Leasingraten Transaktionskosten	Kosten für Auflegen des Fonds Mietkosten für Nutzung der Immobilien Transaktionskosten	Gründungskosten KG Transaktionskosten	Kosten der Verbriefung Transaktionskosten
Bilanz	Off Balance Sheet nur bei Financial Lease möglich	Immobilie geht in Bilanz der Fondsgesellschaft über	Immobilie geht in KG über Bilanzierung in Abhängigkeit von KG-Anteilen	Kein Bilanzansatz, wenn Immobilien an ein Special Purpose Vehicle (SPV) verkauft wird
Steuern	Steuerpflichtige Auflösung stiller Reserven Grunderwerbssteuer	Steuerpflichtige Auflösung stiller Reserven Grunderwerbssteuer	Steuerpflichtige Auflösung stiller Reserven Ggf. keine Grunderwerbssteuer	Steuerpflichtige Auflösung stiller Reserven Grunderwerbssteuer
Kontrolle	Je nach Ausgestaltung im Leasing-Vertrag	Je nach Vertragsgestaltung	Je nach Gesellschafterstruktur der KG	Keine Kontrolle, wenn Immobilie an SPV verkauft wird

(Quelle: Boston Consulting Group)

3.8 Zwischenschaltung ausländischer Finanzierungsgesellschaften

Zwischenschaltung ausländischer Finanzierungs- und Koordinationszentren (1)

Ziel: Senkung der Konzernsteuerquote

Vorgehen:
- Zwischenschaltung ausländischer Finanzierungs- und Koordinationszentren
- Standorte in Ländern mit niedrigerem Steuerniveau als Tochter („Steueroasen")
- Verlagerung von Gewinnen der Tochtergesellschaften auf Finanzierungs- und Koordinationszentren führt zu weiterer Absenkung der Konzernsteuerquote

Typische Finanzierungsströme (s. nächste Seite):
- Ausstattung des Finanzintermediärs mit EK durch Konzernmutter
- Weiterleitung des EK an Tochter als FK
- Gewinne der Tochter unterliegen in Form von Zinsen niedrigerem Steuerniveau im Sitzstaat des Finanzintermediärs
- Belastung unter Berücksichtigung der Hinzurechnungsbesteuerung des deutschen AStG ca. 25%

Bevorzugte Standorte für Finanzierungszentren:
- Belgien, Niederlande, Luxemburg, Irland

(vgl. Spengel 2004, S. 21)

Zwischenschaltung ausländischer Finanzierungsgesellschaften 3.8

Zwischenschaltung ausländischer Finanzierungs- und Koordinationszentren (2)

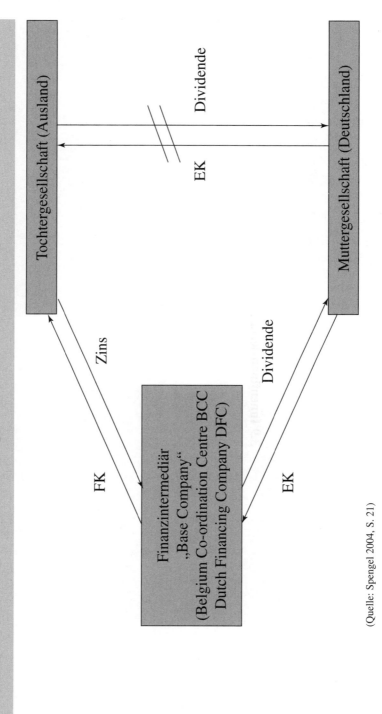

(Quelle: Spengel 2004, S. 21)

3.9 Innenfinanzierung

Determinanten der Innenfinanzierung

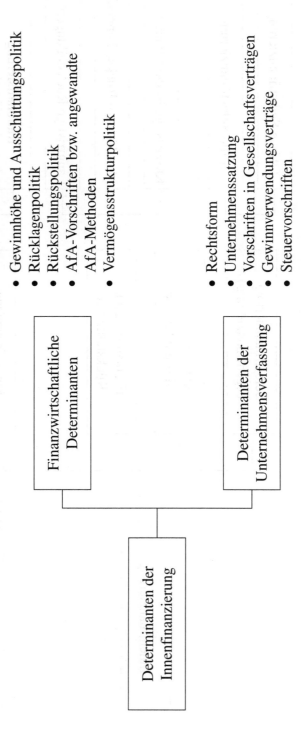

Finanzwirtschaftliche Determinanten
- Gewinnhöhe und Ausschüttungspolitik
- Rücklagenpolitik
- Rückstellungspolitik
- AfA-Vorschriften bzw. angewandte AfA-Methoden
- Vermögensstrukturpolitik

Determinanten der Unternehmensverfassung
- Rechtsform
- Unternehmenssatzung
- Vorschriften in Gesellschaftsverträgen
- Gewinnverwendungsverträge
- Steuervorschriften

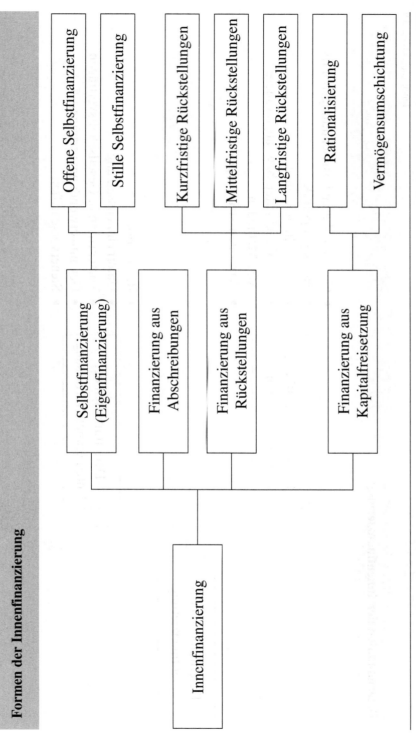

Selbstfinanzierung

- Selbstfinanzierung = Finanzierung aus zurückbehaltenen Gewinnen

- Gewinnthesaurierung: Erzielung von Gewinnen → keine Ausschüttung der Gewinne, sondern Einbehaltung im Unternehmen

- Unterscheidung in offene und stille Selbstfinanzierung: offener Ausweis des Gewinns in der Bilanz oder Bildung stiller Reserven

- Offene Selbstfinanzierung aus versteuertem Gewinn; stille Selbstfinanzierung aus unversteuertem Gewinn.

- Offene Selbstfinanzierung je nach Gesellschaftsform unterschiedlich geregelt

Innenfinanzierung 3.9

Finanzierung aus Umsatzerlösen ist an drei Voraussetzungen geknüpft

1. Voraussetzung:
Zurückbehaltene Gewinne, Abschreibungen bzw. Rückstellungen sind in die Verkaufspreise einkalkuliert

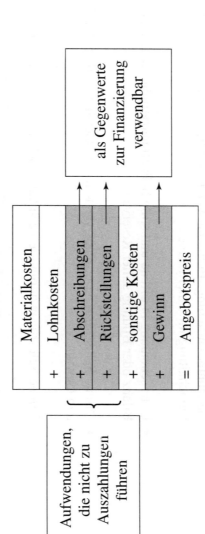

2. Voraussetzung:
Verkaufspreise werden realisiert

3. Voraussetzung:
Verkauf führt zu entsprechenden Einzahlungen

Finanzierung aus Rückstellungen: Beispiele

Rückstellungen

Kurzfristige Rückstellungen
- Steuern*
- Kosten der JA-Prüfung
- Bürgschaftsverluste
- Unterlassene Instandhaltung
- Provisionen, Gratifikationen, Gewinnbeteiligungen
- Nicht genommener Urlaub/ Urlaubsgelder
- Boni, Rabatte

geringer Finanzierungseffekt, da schnelle Inanspruchnahme

Mittelfristige Rückstellungen
- Prozessrisiken*
- Garantieansprüche*

Langfristige Rückstellungen
- Pensionsrückstellungen
- Kurz- oder mittelfristige Rückstellungen mit längerem Zeithorizont (siehe*)

bedeutender Finanzierungseffekt, da i.d.R. langfristig im Unternehmen

Finanzierung aus Kapitalfreisetzung

	Rationalisierung	Vermögensumschichtung
• **Gegenstand**	Freisetzung bisher gebundenen Kapitals durch Verringerung des Kapitaleinsatzes bei gleichem Produktions-/Umsatzvolumen	Überführung von Vermögenswerten in Liquidität
• **Beispiele**	• Verbesserung der Materialdisposition • Verminderung der Lagerdauer von Fertigprodukten • Verbesserung der Überwachung und Verkürzung von Zahlungszielen	• Veräußerung nicht betrieblich genutzter Grundstücke • Wertpapierverkauf • Factoring • Fortaitierung • Sale-and-lease-back

Ermittlung des Innenfinanzierungsvolumens pro Periode

Ergebnis vor Ertragsteuern und Finanzierungszinsen (EBIT)

+ Abschreibungen
+/– sonstige nicht zahlungsgleiche Aufwendungen/Erträge
+/– Verlust/Gewinn aus dem Abgang von Anlagevermögen und Veräußerung von Geschäftsaktivitäten

+/– *Verminderung/Erhöhung der Vorräte*
+/– *Verminderung/Erhöhung der Forderungen*

+/– *Verminderung/Erhöhung der sonstigen Vermögensgegenstände*
–/+ *Verminderung/Erhöhung der erhaltenen Anzahlungen*

–/+ *Verminderung/Erhöhung der Verbindlichkeiten aus Lieferungen und Leistungen*

–/+ Verminderung/Erhöhung der anderen Verbindlichkeiten
–/+ Verminderung/Erhöhung der Rückstellungen

Mittelzufluss aus operativer Geschäftstätigkeit („Cashflow from Operating Activities")

Fallbeispiel Metro: Wachstumsfinanzierung mit negativem Working Capital

Nettobetriebsvermögen

Mio EUR	2003
Vorräte	
Metro Cash & Carry	1.927
Real	653
Extra	228
Media Markt und Saturn	1.671
Praktiker	586
Kaufhof	646
Sonstige	230
	5.941
Verbindlichkeiten aus Lieferungen und Leistungen und erhaltene Anzahlungen auf Bestellungen	9.925
Nettobetriebsvermögen (Net Working Capital)	−3.984

- Bei den Vertriebslinien Cash & Carry und Media Markt/Saturn der Metro-Gruppe wird die Ware schneller umgeschlagen, als sie bezahlt werden muss. Mit dem negativen Net Working Capital wird das Wachstum finanziert (vgl. Börsen-Zeitung Nr. 22/2004, S. 11).

- Das EVA-System wurde auf die Ebene des einzelnen Marktes heruntergebrochen, so dass es einen Anreiz gibt, auch das Working Capital zu optimieren.

(Quelle: Geschäftsbericht Metro)

3.10 Pensionsrückstellungen

Pensionsrückstellungen – Eigen- oder Fremdkapital?

Argumente für den eigenkapitalähnlichen Charakter[1]
• Kapital wird vom Unternehmen selbst erwirtschaftet und nicht von außen zugeführt
• Pensionsrückstellungen verfügen über sehr stabile Konditionen und haben eine extrem lange Tilgungsdauer
• Die Gläubiger können keine Sondertilgung verlangen
• Keine besonderen Besicherungs- oder Gläubigerrechte

Argumente für den Fremdkapitalcharakter[2]
• Zahlungsverpflichtungen gegenüber den eigenen Mitarbeitern
• Ungewisse Verbindlichkeiten, die in der Bilanz als Teil des Fremdkapitals erfasst werden
• Stellen keine Haftungsmasse des Unternehmens dar
• Keine Besonderheiten bei der Rangfolge im Insolvenzfall

➤ Pensionsrückstellungen stellen sowohl in bilanzieller Hinsicht als auch für Zwecke des Ratings Fremdkapital dar

[1] Vgl. Arbeitsgemeinschaft für betriebliche Altersversorgung 2003, S. 2
[2] Vgl. Gerke/Pellens 2003, S. 56 f.

Pensionsrückstellungen 3.10

Steigende jährliche Pensionszahlungen können die operative Flexibilität eines Unternehmens einschränken

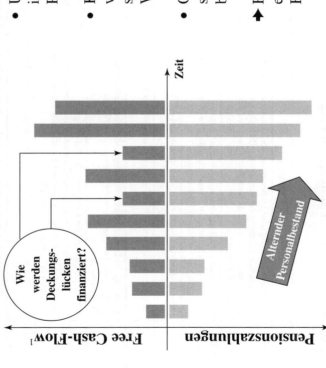

- Unternehmen kommen zunehmend in die Auszahlungsphase der Pensionsansprüche

- Konflikt zwischen kontinuierlich wachsenden Auszahlungsansprüchen und zum Teil volatilem Wachstum der Free Cash-Flows

- Operative Flexibilität kann durch steigende Pensionsauszahlungen beeinträchtigt werden

➔ Finanzierungslücken müssen durch eine langfristig angelegte Finanzplanung geschlossen werden

[1] Free Cash-Flow nach Zins- und Steuerzahlungen aber vor Pensionszahlungen

Behandlung der Pensionszusagen durch Ratingagenturen

Analysebereich	Moody's	Standard & Poor's
Einbeziehung von Gehalts- und ggf. Rententrends	Bei einer Bewertung ohne Einbeziehung von Gehaltstrends erfolgt eine pauschale Erhöhung der Pensionsverpflichtung um 5% bis 15%. Korrekturen für die fehlende Berücksichtigung von Rententrends werden nicht genannt.	Die getroffenen Annahmen werden auf Plausibilität und interne Konsistenz überprüft. Außerhalb des Toleranzbereichs liegende Annahmen werden durch pauschale Zu- bzw. Abschläge korrigiert.
Höhe des Kalkulationszinsfußes	Der verwendete Kalkulationszinsfuß wird auf Konsistenz mit den Kapitalmarktgegebenheiten überprüft und die Bewertung ggf. durch pauschale Zu- bzw. Abschläge korrigiert.	
Erwartete Rendite des Fondsvermögens	Annahmen werden auf Plausibilität überprüft und ggf. korrigiert.	
Versicherungsmathematische Annahmen	Vereinheitlichung erfolgt fallweise nach Diskussion mit Management.	Vereinheitlichung wird als sinnvoll, aber praktisch kaum durchführbar erachtet.
Einfluss des Rechnungslegungssystems	Erfassung der Deckungslücke unabhängig vom bilanziellen Ausweis als Differenz zwischen korrigierter Pensionsverpflichtung und ggf. Fondsvermögen.	Erfassung der Deckungslücke unabhängig vom bilanziellen Ausweis als Differenz zwischen korrigierter Pensionsverpflichtung und ggf. Fondsvermögen.
Behandlung von Deckungslücken	Fiktive Auslagerung der korrigierten Rückstellung: bei interner Finanzierung („unfunded") wird Refinanzierung mit Fremd- und Eigenkapital, bei externer Finanzierung („underfunded") nur durch Fremdkapital unterstellt.	Korrigierte Rückstellung wird in voller Höhe dem Fremdkapital zugerechnet.
Behandlung von Überdeckungen	Überdeckungen externer Fonds werden dem Unternehmen als liquide Mittel zugerechnet	Keine Berücksichtigung von Überdeckungen im Rahmen der Kennzahlenberechnung
Weitergehende Analyseschritte	Vor-/Nachrangigkeit gegenüber anderen Schuldpositionen im Insolvenzfall	Künftige Cash-Flow-Wirkungen der Pensionsverpflichtungen; Vor-/Nachrangigkeit gegenüber anderen Schuldpositionen im Insolvenzfall

(Quelle: Gerke/Pellens 2003, S. 32f.)

Durchführungswege der betrieblichen Altersversorgung

	Direktzusage	Unterstützungskasse	Pensionskasse	Pension Fund
Begriffsmerkmale	Altersversorgungsleistungen werden durch den Arbeitgeber selbst erbracht; Rechtsanspruch des Begünstigten	Altersversorgungsleistungen werden durch externen Träger erbracht		
		kein Rechtsanspruch des Begünstigten	Rechtsanspruch des Begünstigten	
Finanzierung	Pensionsrückstellungen	Zuwendungen an den externen Träger		
Regulierung	Insolvenzsicherung durch den PSV		VAG (Anlagevorschriften, Solvabilitätsvorschriften)	Treuhandvorschriften; Begrenzung der Investition im Trägerunternehmen; Insolvenzsicherung
Besteuerung des Arbeitgebers	Zuführungen zu Pensionsrückstellungen abzugsfähig	Zuwendungen während der Anwartschaftsphase nicht in voller Höhe des versicherungsmathematisch Erforderlichen abzugsfähig	Zuwendungen/Prämien abzugsfähig	
Besteuerung des Trägers	Erträge i.H. der kalkulatorischen Zinsen steuerfrei	Träger unter bestimmten Bedingungen steuerbefreit		

Strukturmodell eines Pension Trust

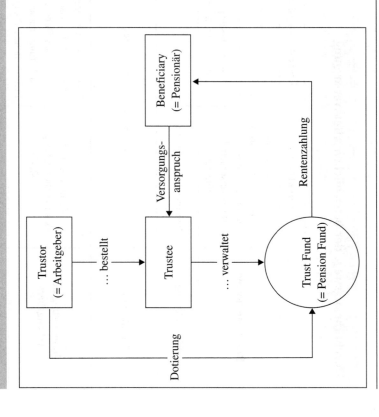

- Angelsächsische Pensionsfonds basieren auf dem Rechtsinstitut des Trust.

- Trust = Treuhandverhältnis, wobei eine Organisation oder Person (= Trustee) zwar Eigentümer einer Sache ist, aber die Pflicht hat, die Sache zum Nutzen einer anderen Person, dem sog. Beneficiary, zu verwalten.

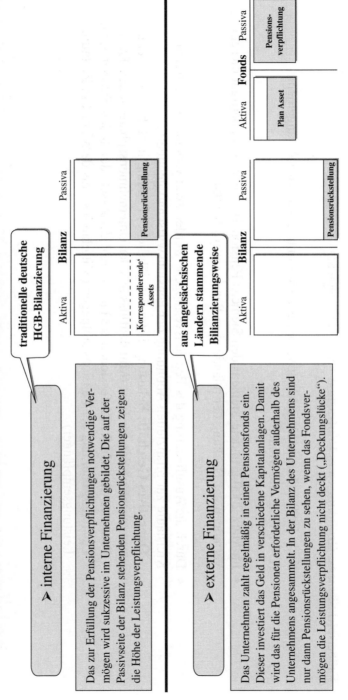

(Quelle: Commerzbank)

Fallbeispiel Siemens: Gründung eines Contractual Trust Arrangement (CTA)

- Ende 1999 etablierte DaimlerChrysler das erste Contractual Trust Arrangement (CTA/Treuhand-Modell)

- Im März 2000 gründete Siemens den Siemens Pension Trust e.V. und überträgt diesem Vermögen zur Deckung der inländischen Pensionsverpflichtungen

- Durch die Ausgliederung des Pensionsvermögens werden zwei voneinander getrennte Kreisläufe zur bilanziellen Abbildung der Pensionswirtschaft gebildet:
  – **Operatives Geschäft:** Belastung durch das (jährliche) Funding in Höhe der „operativ verursachten" Service Cost (Mittelzufluss aus der Unternehmenssphäre in den Trust)
  – **Pensionswirtschaft:** Professionelles Management der Assets durch den Treuhänder und Leistung/Erstattung der Pensionszahlungen (Mittelabfluss aus dem Trust in Richtung Leistungsempfänger)

(Quelle: Neubürger 2005)

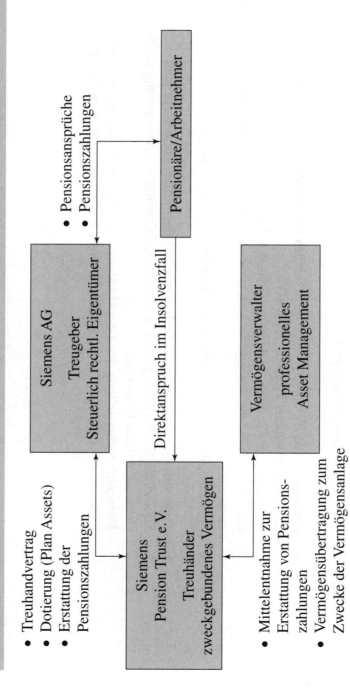

Fallbeispiel Siemens: Vertragliche Gestaltung eines CTA

- **Einbringung von Vermögen zur Abdeckung der Pensionsverpflichtungen in eine juristische Person (Siemens Pension Trust e.V.)**
  - Verwaltung des Vermögens durch unabhängige Einrichtung (Treuhänder)
  - Eindeutige Trennung des sog. Sicherungsvermögens vom übrigen Vermögen des Unternehmens
  - Sicherstellung der zweckgebundenen Verwendung des Vermögens

- **Lösung von divergierenden steuerlichen und bilanziellen Anforderungen:**
  - *Steuerlich:* Sicherstellung des wirtschaftlichen Eigentums – Absicherung durch verbindliche Auskunft des Finanzamts
  - *Bilanziell:* Sicherstellung der Zweckbindung des Vermögens – rechtliche Gestaltung des CTA gemäß US GAAP-Erfordernissen in enger Abstimmung mit dem Wirtschaftsprüfer

(Quelle: Neubürger 2005)

3.11 Auswahl der Finanzierungsinstrumente

Auswahl der Finanzierungsinstrumente 3.11

Entscheidungskriterien für die Auswahl der Finanzierungsinstrumente aus Unternehmenssicht

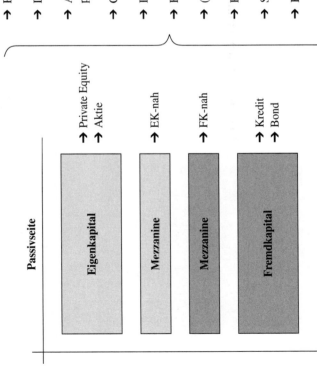

(vgl. DZ Bank)

Auswahl der Finanzierungsinstrumente 3.11

Finanzierungsmöglichkeiten in Abhängigkeit von der Entwicklungsphase des Unternehmens

Frühphase

- **Seed** – Produktidee, Marktanalyse
- **Start up** – Gründungsfinanzierung, Produktentwicklung zur Marktreife

Expansionsphase

- **First Stage** – Markteinführung, Erste Verkaufserfolge
- **Second Stage** – Wachstum, Marktdurchdringung
- **Third Stage** – Internationalisierung, Erschließung weiterer Märkte, Etablierung
- **Fourth Stage** – Stärkung der Wettbewerbsposition, Vorbereitung Exit

Exit/Anteilsverkauf

Verlustzone / Gewinnzone

Ertrag / Zeit

- **Venture Capital**
  - Business Angels
  - Inkubatoren
  - Finanzinvestoren
  - Corporate VC's
- **Fördermittel**

- **VC/Private Equity**
- **Mezzanine**
- **Bankkredite**
- **Fördermittel**

- **IPO/Private Placement**
- **MBO/MBI**
- **Strategische Partner**

281

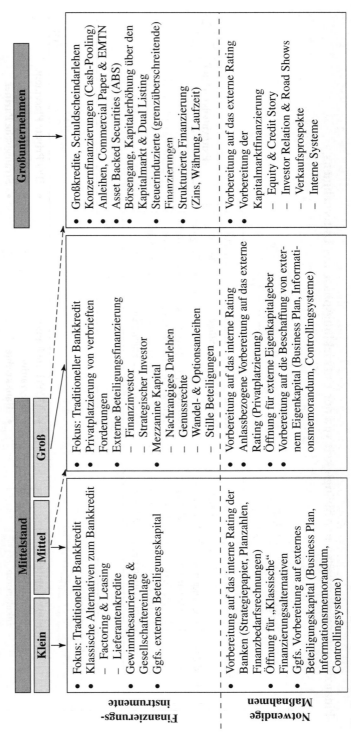

Auswahl der Finanzierungsinstrumente 3.11

(Quelle: PricewaterhouseCoopers)

Die Pecking-Order-Hypothese

Für den Fall asymmetrisch verteilter Informationen am Kapitalmarkt ist es – nach der Pecking-Order Theorie – für Unternehmen rational, die Finanzierung von Investitionen in einer bestimmten Reihenfolge vorzunehmen (vgl. Brealey/Myers 2000):

1. Unternehmen präferieren in erster Linie die Innenfinanzierung.
2. Unternehmen passen die von ihnen angestrebte Dividendenzahlung an die finanziellen Erfordernisse des Investitionsbereiches an, vermeiden dabei aber abrupte Änderungen im Dividendensatz.
3. Eine konstante Dividendenpolitik und unvorhersehbare Änderungen in der Gewinnsituation wie den Investitionsmöglichkeiten führen dazu, dass die Innenfinanzierung zuweilen die Ausgabenerfordernisse übersteigt oder aber nicht ganz abdecken kann. Bei einem Finanzierungsüberschuss werden in erster Linie Schulden zurückgezahlt oder marktfähige Titel gekauft. Bei einem Finanzierungsdefizit werden die liquiden Mittel abgebaut oder Wertpapiere verkauft.
4. Sollen zusätzliche Mittel von außen zufließen, werden zunächst Finanzierungstitel mit möglichst sicherer Zahlungscharakteristik geschaffen, d.h., zunächst wird insbesondere Fremdkapital aufgenommen, bevor hybride Titel wie Options- oder Wandelanleihen und schließlich neue Aktien emittiert werden.

Drei Typen von Finanzierern im Mittelstand

Eine 2004 durchgeführte (bedingt repräsentative) Studie zur Unternehmensfinanzierung bei 33 mittelständischen Unternehmen[1] ergab folgende Typen von Finanzierern

	Thesaurierer	**Kreditvermeider**	**Offener Unternehmer (kleinste Gruppe)**
Ziel	• Oberstes Ziel ist die Wahrung der eigenen unternehmerischen Unabhängigkeit	• Legt ebenfalls viel Wert auf unternehmerische Unabhängigkeit	• Wachstumspläne für das Unternehmen sind wichtiger als die Wahrung der absoluten unternehmerischen Unabhängigkeit
Primäre Finanz. instrumente	• Die Auswahl der Finanzierungsinstrumente wird – auch – von Emotionen getrieben • Gewinne werden nicht ausgeschüttet, sondern im Unternehmen behalten (Gewinnthesaurierung als bevorzugtes Finanzierungsinstrument)	• Anders als der Thesaurierer kann er die EK-Quote nicht nur durch Gewinnthesaurierung steigern • Sucht nach Wegen, das FK niedrig zu halten • Setzt zuerst auf eine Optimierung der Liquidität und Minimierung des Umlaufvermögens	• Keine Scheu, externe Eigenkapitalgeber (z.B. PE-Gesellschaften) ins Unternehmen zu holen
Alternative Finanz. instrumente	• Andere Finanzierungsinstrumente werden skeptisch betrachtet (Ausn.: Leasing, Cash-Management)	• Zurückhaltend beim Einsatz alternativer Finanzierungsinstrumente	• Andere Finanzierungsinstrumente werden ähnlich wie bei den beiden anderen Gruppen betrachtet
Investitionen/ Wachstum	• Teilweise komfortable EK-Quote, Unternehmen entwickelt sich schrittweise	• Große Investitionen sind primär eine Frage der Liquiditätsmöglichkeiten	• Teilweise komfortable EK-Quote, die Wachstumssprünge erlaubt

[1] Jahresumsatz bei 61% der befragten Unternehmen 20–100 Mio Euro

(vgl. Stein u.a. 2004)

3.12 Optimierung der Kapitalstruktur in der Krise

Optimierung der Kapitalstruktur in der Krise 3.12

Maßnahmen zur Optimierung der Finanzierungs- und Kapitalstruktur in der Krise

Unternehmen, Mitarbeiter und Geschäftspartner

- Senkung des Netto-Umlaufvermögens (Optimierung Forderungs-, Verbindlichkeiten- und Vorratsmanagement)
- Sanierungsbeiträge der Mitarbeiter
- Neue Lieferantenkonditionen
- Forderungsverzicht seitens der Lieferanten
- Steueroptimierende Maßnahmen
- Verkauf Produktsparte
- Verkauf nicht betriebsnotwendigen Vermögens

Banken

- Leasing
- Forfaitierung
- Wechsel Hausbank
- Forderungsverzicht Banken
- Umschuldung (Umwandlung kurz- in mittel- oder langfristige Kredite)
- Ausweitung der Kreditlinien
- Zins- und Tilgungsaussetzung
- Zinssenkungen vereinbaren
- Veränderung Tilgungsmodalitäten
- Umwandlung von Krediten in Eigenkapital

Gesellschafter

- Sanierungsbeiträge der Gesellschafter (z.B. Zuführung von EK, Gesellschafterdarlehen)
- Strategischer Investor (gleiche oder ähnliche Branche)
- Forderungsverzicht oder Rangrücktritt Gesellschafter
- Stille Beteiligung von Dritten
- Turnaround-Fonds, Finanzinvestoren
- Umwandlung von Fremdkapital in Wandelgenussrechte mit Eigenkapitalcharakter (Debt-Equity-Swap)

Staat

- Aufnahme öffentlicher Fördermittel
- Landesbürgschaften
- Beteiligungskapital über Landesbanken

286

4. Asset Management

4.1 Ziele und Dimensionen des Asset Management

Das „magische Dreieck" der Vermögensanlage

Jede Form der Vermögensanlage lässt sich anhand der drei Kriterien Sicherheit, Liquidität und Rentabilität beurteilen

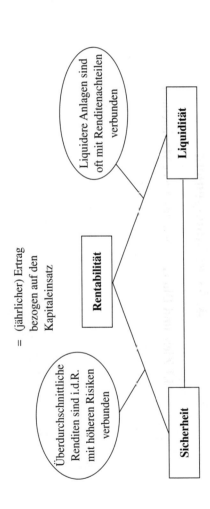

Überdurchschnittliche Renditen sind i.d.R. mit höheren Risiken verbunden

Liquidere Anlagen sind oft mit Renditenachteilen verbunden

= (jährlicher) Ertrag bezogen auf den Kapitaleinsatz

= Erhalt des angelegten Vermögens
Abhängig von den Risiken:
- Verlustrisiko,
- Ertragsrisiko,
- Inflationsrisiko
- Kursrisiko,
- Währungsrisiko,

= wie schnell kann ein investierter Betrag realisiert, d.h. in Bankguthaben oder Bargeld umgewandelt werden?

Dimensionen der Asset Allocation

Fristigkeit:
- Strategische Asset Allocation
- Taktische Asset Allocation
- Dynamische Asset Allocation
- Anlageziele und Risikobudget

Anlageklassen:
- Renten
- Aktien
- Immobilien
- Cash

Beteiligte:
- Anleger
- Asset Manager
- Berater
- Etc.

Ziele und Dimensionen des Asset Management 4.1

Ziel der Diversifikation im Asset Management ist die Generierung effizienter Portfolios

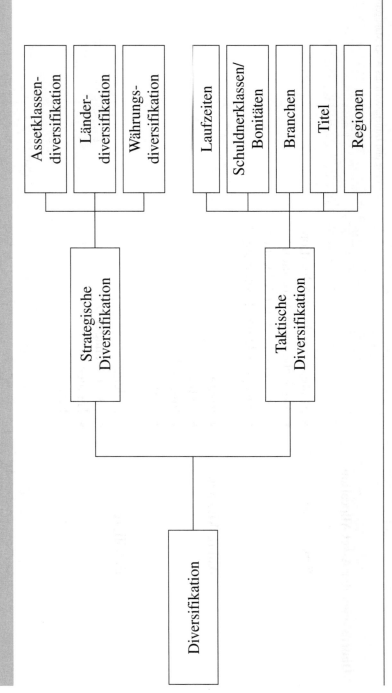

Dynamische Asset Allocation

Einer der schwierigsten Aspekte des Asset Allocation-Prozesses ist die systematische Verknüpfung zwischen den langfristigen Anlagezielen (strategische Asset Allocation) und der taktischen Asset Allocation

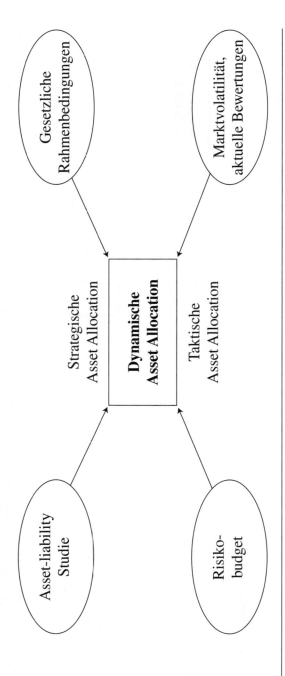

Ziele und Dimensionen des Asset Management 4.1

Ablauf des Asset Management

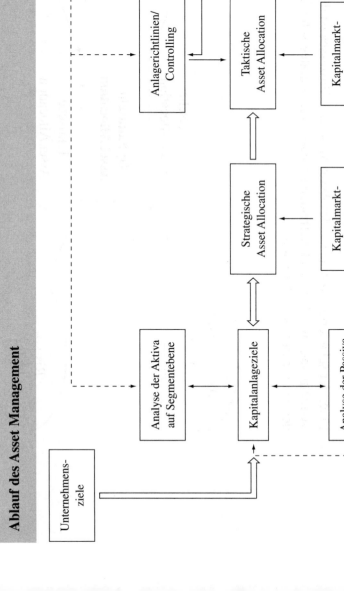

4.2 Asset Liability Management

Asset-Liability-Management als notwendige Grundlage für die Kapitalanlagepolitik

- **Definition:** Asset-Liability-Management = Unternehmensbezogener Steuerungsansatz, mit dem die Liquiditäts-, Rendite- und Risikoeigenschaften der Kapitalanlagen (Assets) auf den Liquiditätsbedarf, die Finanzierungserfordernisse und den Risikocharakter der Verbindlichkeiten (Liabilities) abgestimmt werden können.

- **Asset-Liability-Modelle (ALM):** quantitative Modelle, mit deren Hilfe optimale strategische Anlageportfolios entwickelt werden.

- **Ziel:** Optimierung der Rendite-Risiko-Position des Gesamtergebnisses unter Berücksichtigung der Interaktion zwischen den Kapitalanlagen und den Verpflichtungen.

Asset Liability Management

- Die Steuerung der Kapitalanlagen muss im Rahmen eines integrierten Asset-Liability-Managements die bestehenden und zukünftigen Verpflichtungen in die Anlagestrategie einbeziehen

- Asset-Liability-Management
  - erstellt, auf Basis unternehmensspezifischer Vorgaben, eine langfristige versicherungsmathematische Prognose zur zukünftigen Höhe von Rentenzahlungen und zum Verlauf der Pensionsrückstellungen,
  - legt ein Anlageuniversum fest und liefert Performance-Erwartungen,
  - berechnet ein auf den Verpflichtungsverlauf abgestimmtes Portfolio (strategische Asset Allocation),
  - analysiert alle Risikofaktoren für das berechnete Portfolio und gleicht es mit der unternehmensspezifischen Risikotoleranz ab,
  - gleicht die Strategie regelmäßig den veränderten Inputdaten an.

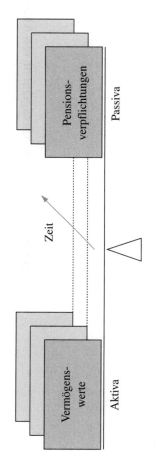

4.3 Strategien für das Management von Aktien und Anleihen

Aktives versus passives Management eines Aktienportfolios

Passives Management: Indexierung

- Ziel:
  Steuerung eines Aktienportfolios derart, dass die Kursentwicklung eines Aktien-Index dupliziert wird

- Theoretische Fundierung:
  - CAPM → Markt-Portfolio = optimales riskantes Portfolio
  - Kapitalmarkteffizienz → Wertpapierpreise enthalten alle relevanten Informationen

- Techniken der Indexierung:
  - Duplizierung: Direkte Duplizierung des ausgewählten Index
  - Stratified Sampling: Aufspaltung des Index in einzelne Segmente, die dann durch wenige Aktien gewichtungsadäquat im Index-Portfolio repräsentiert werden
  - Portfolio-Optimierungstechniken: „Tracking" des Index mit einer geringen Anzahl von Aktien

Aktives Management

- Ziel:
  Steuerung eines Aktienportfolios derart, dass der Aktienmarkt nachhaltig „geschlagen" wird

- These:
  Durch entsprechende Analysen oder subjektive Einschätzung ist es möglich, systematisch vorübergehende Fehlbewertungen zu identifizieren

- Aktienanalyse:
  - Random-Walk-Hypothese: Aktienkurse sind nicht prognostizierbar, sondern folgen einem Zufallspfad
  - Fundamentalanalyse: Aktienkurse schwanken um ihren inneren Wert; dieser ist mittels Fundamentalanalyse zu bestimmen
  - Technische Analyse: Ziel ist es, Aktienkursverlaufsmuster zu erkennen, deren Wiederholung in der Zukunft antizipiert wird; der richtige Zeitpunkt des Aktienerwerbs oder -verkaufs soll ermittelt werden

Aktiv- und Passivstrategien im Vergleich

	Aktiv	Passiv
Ertragsziel	> Index	= Index
Anlagefreiheit	Asset Allokation Titel Selektion Kassehaltung	– – voll investiert
Risiko	Spezifische Risiken Managerselektion	Diversifikation –
Ansatz	Buy + Sell Selektion Timing	Buy + Hold – –
Märkte	Alle Assets Alle Märkte	Indexfähige Märkte
Technik	Qualitativ „Kunst"	Quantitativ „Wissenschaft"
Transaktionskosten	hoch	niedrig
Managerkosten (bei Volumen von 150 Mio Euro)	40–60 bps	10 bps

Ratingfunktionen im Asset Management

Informationsfunktion	• Statischer Informationswert (Pricing von Neuemissionen) • Dynamischer Informationswert (Aktualität im Zeitablauf)
Risikoidentifikation	• Definition und Steuerung von Minimalbonität im Bond-Portfolio • Erleichterung bzw. Ersatz der Bonitätsprüfung im Eigenhandel • Effizienzsteigerung durch computerbasierte Verarbeitung von Ratinginformationen
Strukturierungs- und Strategiefunktion	• Aktives Credit Risk-Management im Bond-Portfolio • Arbitrageoperationen • Timingstrategien durch Rating-Replikation und -prognose
Performance-Analyse	• Zweidimensionale Performance-Messung • Performance-Attribution • Bonitätsbasiertes Fondscontrolling im Rentenfondsmanagement
Screening-Instrument	• Überwindung von Informationsasymmetrien • Verhinderung von Moral Hazard

(vgl. Heinke/Steiner 2000, S. 138)

Strategien für das Management des Anleiheportfolios

- Duration Management

- Auswahl der Bereiche der Renditekurve (z.B. 5- bis 10jährige Anleihen), in die investiert wird

- Länderallokation

- Auswahl der Rentensektoren, z.B.
  - Staatsanleihen
  - Inflation-Linked Bonds
  - High yield Corporate Bonds
  - Emerging Market Anleihen

4.4 Multi-Manager-Konzept und Master KAG

Beim „Multi Management" sind mindestens zwei Investment-Manager für die Vermögensverwaltung des Investors verantwortlich

- Grundtypen
  - Multi Class
  - Multi Manager
  - Multi Style

- Gegenstand
  - Kombination verschiedener Assetklassen in einem Portfolio
  - Parallele Vergabe von (Spezial-)Mandaten für einzelne Assetklassen an mehrere Investment Manager
  - Kombination unterschiedlicher Investmentstile in einem Portfolio (z.B. Wachstums- oder Substanzwerte)

- Vorteile
  - Reduzierung des Gesamtrisikos des Portfolios durch Kombination von gering miteinander korrelierenden Assetklassen
  - Spezialisierungsvorteile der Asset Manager
  - Diversifikation des Performance-Risikos
  - Diversifikation des Manager-Risikos
  - Erschließung zusätzlichen Diversifikationspotenzials in einem Portfolio

Multi-Manager-Konzept und Master KAG 4.4

Multi-Manager-Konzepte weisen eine Reihe von Vorteilen auf

Manager vor Ort
Manager in den jeweiligen Regionen verfügen über bessere Informationen

Mehrere Manager pro Region
Kombination von verschiedenen Manager-Stilen in jedem Bereich vermeidet Klumpenrisiko

Ein ausgereiftes Multi-Manager-Konzept erhöht die Performance der Kapitalanlagen

Institutionelle Anlagen
Privatkunden-Produkte sind nicht für institutionelle Investoren geeignet

Gesamtverantwortung
1 Ansprechpartner für Gesamtsteuerung und Performanceverantwortung. 1 Berichtswesen

(Vgl. Competitive Multi-Manager Structure (FT Finance 1999); Does Style Matter? (Alliance Bernstein 2001); Optimizing Manager Structure (Barclays 2000))

303

Das Konzept der Master-KAG

Gegenstand Master-KAG

- Zusammenführung der Fondsadministration über alle Anlageformen eines Anlegers bei einer Kapitalanlagegesellschaft,
- verbunden mit dem Einsatz externer Asset Manager (Multimanagerkonzept) und Anlageberater sowie eines Global Custodians
- Der Global Custodian stellt eine zentrale Verwahrungsstelle dar, die es ermöglicht, die in verschiedenen Mandaten und bei verschiedenen Vermögensverwaltern bewirtschafteten Teile eines Vermögens zentralisiert aufzubewahren. Ein Global Custodian ist somit eine wichtige Voraussetzung für die kontrollierte Bewirtschaftung großer Vermögen.

Mögliche Dienstleistungen von Master-KAGen

- Fondsbuchhaltung und Fondsadministration
- Fondsreporting mit Performance-Measurement
- Fondscontrolling und Transaktionskosten-Analyse
- Wertsicherungskonzepte, Overlay-Segmente (Derivate/Cash) und Risk Management
- Anlageberatung
- Projektmanagement im Vorfeld der Realisierung
- Qualitäts-/Schnittstellenmanagement
- Unterstützung bei steuerrelevanten Fragen und der Vertragsgestaltung
- Koordination/Management bei der Übertragung von Fonds

Traditionelle Spezialfondsverwaltung versus Master-KAG

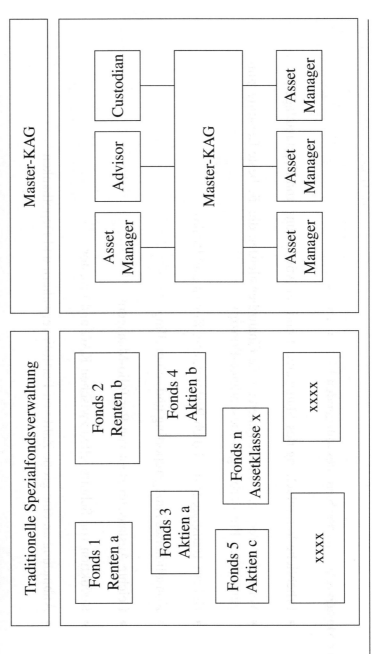

Vorteile einer Master-KAG aus der Sicht des anlegenden Unternehmens

- Erhebliche Vereinfachung des Management und der Abwicklung von Kapitalanlagen

- Verstärkte Vergabe von Mandaten an die Finanzdienstleister, die die beste Leistung zum günstigsten Preis erbringen (best advice-Prinzip)

- Höhere Transparenz bezüglich Performance, Kosten und Risiko

- Konsolidiertes Anlagereporting und -controlling

- Leichte Austauschbarkeit von Portfolio-Managern

- Reduktion von Schnittstellen zwischen KAG und Investor

- Anbindung an eine große Zahl von Portfolioverwaltern und Depotbanken

Funktionen und Gebührenarten im Asset Management

	Portfolio Management	Administration des Fonds	Verwahrung der Wertpapiere	Handel/ Transaktionen
Funktionsträger	Asset Management	KAG	Depotbank Custodian	Broker
Leistungen	Umsetzung der Anlagestrategie Risikomanagement	Ermittlung Fondspreis, Einhaltung der Anlagegrenzen, Fondsbuchhaltung, Reporting	Verbuchung und Settlement der Wertpapiere	Durchführung der Transaktionen, Erstellung von Research
Kosten abhängig von	Fondsvolumen	Fondsvolumen	Fondsvolumen	Umschlagshäufigkeit
Kostenbelastung	Direkt	Direkt	Direkt	Indirekt
Bezeichnung	Management Fee	KAG-Vergütung	Depotbank- vergütung	Umsatzprovision

(Quelle: Lazard Asset Management)

4.5 Risikomessung

Risiko

Definition Risiko: • Mögliche Abweichung von einer geplanten Größe (z.B. Kurs, Rendite)

Risikoarten:
- Systematisches Risiko (Marktrisiko) basiert auf gemeinsamen Ursachen (z.B. Inflation, Zinsänderung, Wechselkurse); kann durch Diversifikation (Streuung) nicht ausgeschaltet werden
- Unsystematisches Risiko (spezifisches Risiko), z.B. Brand, Streik, Projektrisiko; kann durch Streuung verringert bzw. ausgeschaltet werden

Risikomaße:
- Volatilität
- Ausfallwahrscheinlichkeit
- Betafaktor
- Korrelationskoeffizient
- Sharpe-Ratio
- Tracking Error
- Value-at-Risk

Risikomaße (1)

Volatilität
- (Streuungs-)Maß für das Gesamtrisiko einer Anlage,
- misst (positive und negative) Schwankungen um die geplante Größe („Erwartungswert")
- Standardabweichung = Summe der quadrierten Differenzen zwischen Rendite und Mittelwert

Ausfallwahrscheinlichkeit
- misst die Wahrscheinlichkeit, eine gewünschte Mindestrendite zu unterschreiten

Betafaktor
- Maß für das systematische Risiko einer Aktie
- wird bezogen auf einen repräsentativen (Markt-)Index
- Ursprung: CAPM und Marktmodell

Korrelationskoeffizient
- Maß für den Gleichlauf zwischen Assets bzw. zwischen Asset und Benchmark
- Durch die Kombination von niedrig korrelierten Assets kann das Risiko im Gesamtportfolio verringert werden, bei voll-kommen negativ korrelierten Assets sogar theoretisch bis auf Null
- Der beste Diversifikationseffekt wird durch die Kombination von Assets aus verschiedenen Assetklassen erreicht
- Problem: es können auch Scheinkorrelationen auftreten!

Risikomaße (2)

Sharpe-Ratio
- Vergleich einer risikobehafteten Anlage mit einer risikofreien Anlage („risikofreier Zins")
- Fragestellung: „Hat es sich gelohnt, ein Marktrisiko einzugehen?"

- Formel: $\text{Sharpe-Ratio} = \dfrac{\text{Mehrrendite}}{\text{Risiko}}$

- Ziel: Vergleich von Kapitalmarktanlagen untereinander oder Vergleich mit einem absoluten Renditeziel pro Risikoeinheit
- Grundaussage: Je höher Sharpe-Ratio, desto besser

Tracking Error (TE)
- Standardabweichung der Renditedifferenz zwischen Portfolio und Benchmark
- Hoher TE = starke Abweichung von der Entwicklung der Benchmark; niedriger TE = zur Benchmark sehr ähnliche Entwicklung
- Zwei Möglichkeiten der Steuerung: a) absolute Vorgabe eines TE als Maximalwert (passives Management/enhanced indexing) oder als Mindestanforderung für einen aktiven Manager; b) Vergleich verschiedener Portfolios miteinander

Risikomaße (3): Value at Risk

Value at Risk
- derjenige Verlust, gemessen als Wertminderung einer Vermögensposition, der mit einer Wahrscheinlichkeit von 1−α innerhalb eines bestimmten Zeitraumes nicht überschritten wird.

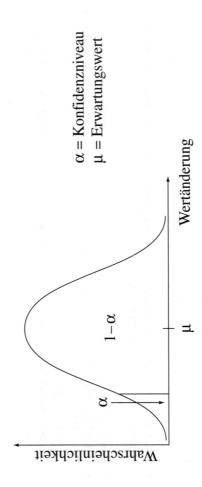

α = Konfidenzniveau
μ = Erwartungswert

Risikomaße (4): Überblick Berechnungsmethoden Value at Risk

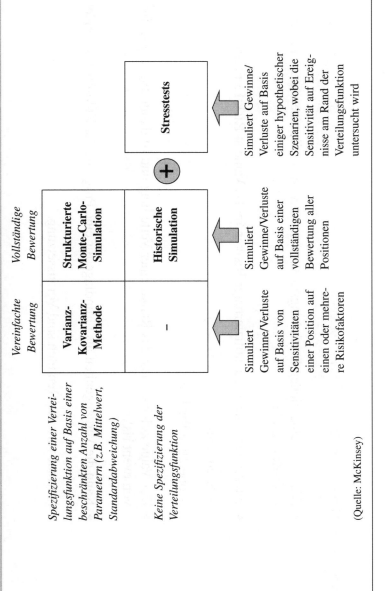

(Quelle: McKinsey)

Risikomaße (5): Grenzen der Value at Risk-Konzeption

- Die unterschiedlichen Ermittlungsmethoden berechnen teilweise unterschiedliche Value at Risk-Kennzahlen

- Integration schwer quantifizierbarer Risiken in das Value at Risk Konzept
  - Kreditrisiken
  - operative Risiken

- Der Value at Risk misst das Risiko einer Verteilung und ist damit ungeeignet für die Messung von event risks

- Kann die Vergangenheit als Grundlage für eine Prognose der Zukunft verwendet werden?

- Normal verteilte Renditen sind Voraussetzung.

5. Cash Management

5.1 Cash-Pooling

Entwicklungen im Cash & Treasury Management

Drei Entwicklungen prägen das Cash Management: Internationalisierung, Zentralisierung, Outsourcing

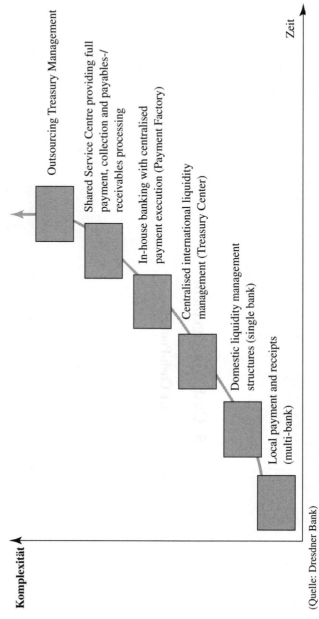

(Quelle: Dresdner Bank)

Cash-Management: Aufgaben

Gegenstand: • Gestaltung der Zahlungsströme und der kurzfristigen Geld- bzw. Kreditbestände

Aufgaben im Einzelnen:
- Liquiditätsplanung: Planung der Ein- und Auszahlungen
- Tägliche Disposition und Steuerung des Zahlungsverkehrs
- Zwischenanlage freier Gelder sowie Beschaffung fehlender Liquidität
- Laufende Analyse und Optimierung des Zahlungsverkehrs

Ziele:
- Liquidität: Sicherung der jederzeitigen Zahlungsfähigkeit des Unternehmens
- Rentabilität: Minimierung der Kosten des Zahlungsverkehrs, der Kassenhaltung und der kurzfristigen Kredite sowie Maximierung der Erträge aus den Geldanlagen
- Verringerung der Zins- und Währungsrisiken

Instrumente:
- Cash-Pooling
- Konzernclearing
- Zahlungsverkehr

Kernfunktionen eines Cash-Management-Systems

Konzentrationsfunktion

- Konzentration und Aufbereitung der Kontoinformationen und -salden.

Informationsfunktion

- Marktdaten/Marktentwicklungen
  - Geldanlage- und Geldaufnahmemöglichkeiten
  - aktuelle Fremdwährungsinformationen
  - allgemeine Wirtschafts- und Finanzinformationen
  - Informationen über von der Unternehmung getätigte Geld- und Devisengeschäfte

Transaktionsfunktion

- Funds Transfer: Überweisungen, Lastschriften, Schecks
- Kassa- und Termingeschäfte: Devisen-, Termingeld- und Wertpapiermarkt

Funktionen von Cash Management Systemen

- Schnittstelle zu Electronic Banking Systemen
- Direkter Import von elektronischen Kontoauszügen über Electronic Banking
- Abbildung einer frei definierbaren Pooling-Struktur mit verschiedenen Hierarchieebenen
- Automatische Erstellung von Clearing-Vorschlägen
- Zinsabrechnung mit frei definierbaren Parametern (Zinssätze, Tagesbasis (z.B. act/360), Zinsperiode, usw.) für Pool-Konten
- Automatische Verrechnung/Fakturierung von Zinsen aus Poolingtransaktionen (z.B. Zinsstaffeln, Kontoauszüge)
- Darstellung eines frei definierbaren täglichen Finanzstatus (Kontensalden, zumindest alle kurzfristigen liquiden Mittel und Kreditlinien, usw.)
- Überwachung interner und externer Finanzierungslimite aus Poolingtransaktionen
- Täglicher valutarischer Saldenabgleich je Konto
- Abgleich zwischen geplantem und valutarischem Endsaldo
- Berücksichtigung von Plandaten der kurzfristigen Liquiditätsplanung (automatische Schnittstelle) bei der Kontendisposition
- Kurzfristige Liquiditätsvorschau auf Tagesbasis mit automatischer und manueller Positionsgenerierung
- Automatische Übernahme von Cashflows aus abgeschlossenen Transaktionen in die Liquiditätsplanung
- Verrechnung von konzerninternen Forderungen und Verbindlichkeiten (Netting)

Cash Pooling

Gegenstand:
- Regelmäßige Zusammenführung von Soll- und Habensalden einzelner Bankkonten auf einem einzigen Bankkonto („Masteraccount")
- Führung des Masteraccounts i.d.R. von der Konzernmuttergesellschaft

Ziele:
- Verbesserung des Zinsergebnisses (Marge zwischen Soll- und Habenzinsen)
- Günstigere Darlehenskonditionen durch zentralisierte Kreditkonditionen
- Verbesserte Finanzplanung

Formen:
- Effektives Pooling (Zero Balancing, Sweeping)
- Fiktives Pooling (Notional Pooling, Zinskompensation)

Fiktives Pooling

Definition: Zinsmäßige Kompensation der Kontensalden von Konzerngesellschaften ohne dass Gelder bewegt werden

Prinzipdarstellung:

Habenzinsen: 3 %
Sollzinsen: 5 %

Zinserträge ohne Pooling: + 2

Konto 1	Konto 2	Konto 3
+ 300	**+ 100**	**− 200**
+ 9	+ 3	− 10

Zinserträge mit Pooling: + 6

Fiktiver Pool
+ 200

Cash-Pooling 5.1

Effektives Pooling

Definition:
- In festgelegten Abständen automatische oder manuell angestoßene Konzentration dezentraler Gelder auf ein Zielkonto.
- Bei internationalem Cash-Pooling findet u.U. ein Vor-Pooling statt: Zunächst findet auf nationaler Ebene ein Cash-Pooling mittels eines Overlay-Accounts statt, bevor die Liquidität auf ein Konzern-Masteraccount weitergeleitet wird.

Prinzipdarstellung:

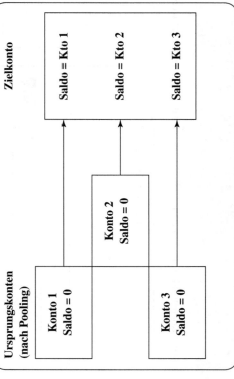

Entscheidung zwischen zwei Steuerungsprinzipien

Überweisung an Zentrales-CM durch Gesellschaften

Wesentliche Merkmale/ Steuerungsprinzipien

- Gesellschaften überweisen liquide Mittel die Limit übersteigen an Zentrales-CM (täglich)
- Festlegung Limit durch Zentrales-CM
- Disposition liquider Mittel durch Gesellschaften

Vor-/Nachteile

(+) Expertise zu operativem Geschäft bei Disposition

(+) Durch Disposition bei Gesellschaften höhere Planungsgenauigkeit (direkte Planungsverantwortung in GB)

(−) Nur Limit übersteigende Beträge zentral gepoolt

(−) Kein unmittelbarer Durchgriff auf liquide Mittel in GB

(−) „Überweisungsaufwand"

Cash-Clearing durch Zentrales-CM

- Tägliche Kontenräumung der Gesellschaften durch Zentrales-CM
- Negative Salden werden durch Zentrales-CM ausgeglichen
- Vollständige Automatisierung

(+) Unmittelbarer Zugriff auf alle liquiden Mittel im Konzern

(+) Alle liquiden Mittel im Konzern zentral gepoolt

(−) Planungsgenauigkeit der Gesellschaften evtl. nicht so hoch (keine direkte Verantwortung in GB)
→ Zentral vorgehaltene sofort verfügbare Reserve höher

(−) Höherer Koordinationsaufwand in Zentrale

Cash-Pooling 5.1

Zweistufiger versus integrierter Cash Management-Ansatz in Konzernen

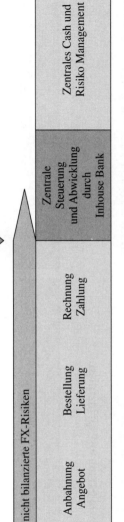

(vgl. Lohneiß 2004, S. 9)

Cash-Pooling 5.1

Inhouse Bank als zentrale Drehscheibe für Werteflüsse

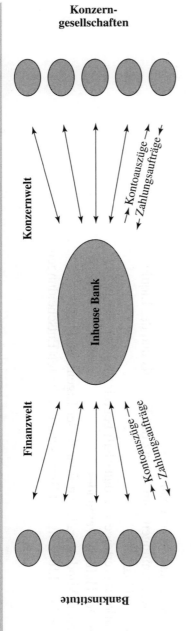

- Externe Bankkonten
- Cash Pooling und Cash Concentration
- Zentrale Anlage, Finanzierung und Sicherung

- Interne Konten für Verrechnungsverkehr und Finanzierung
- Inhouse Bank einziger Finanzpartner
- Bankkonforme Dienstleistungen, wie z.B. e-Banking, Kontoauszüge, Verzinsung, Finanzgeschäfte

(vgl. Lohmeiß 2004, S. 10)

Ausgestaltung des Cash-Management-Systems

Zur effektiven Vermeidung oder zumindest Minimierung von Haftungsrisiken aufgrund eines konzernweiten Cash-Managements werden folgende Maßnahmen empfohlen:

1. Vertragliche Fixierung der Grundlagen
2. Transparenz und vollständige Dokumentation aller Zahlungsvorgänge (einschl. der Konditionen)
3. Installation eines Frühwarnsystems (einhergehend mit Kündigungsmöglichkeiten und effektiven Informationsrechten)
4. Zusicherungen (financial covenants)
5. Vertragliche Bestimmungen zum Schutz des Kapitals und der Liquidität
6. Besicherung von Darlehen
7. Separate Darlehensverträge von dauerhaft benötigten Beträgen
8. Begrenzung des Haftungsverbundes
9. Wahrung eines Mindestmaßes an finanzieller Eigenständigkeit
10. Konsequente Durchführung und Bereitschaft zu harten Entscheidungen

(vgl. Vetter 2004, S. 330ff.)

Schritte zur Einführung eines Cash-Pooling

Projektvorbereitung
- Grobkonzeption und Erstellung des Business Case
- Benennung der Projektverantwortlichen
- Kommunikation innerhalb der Gruppe

Bestandsaufnahme der Bank- und Cash-Situation der Gesellschaften
- Mit welchen Banken wird auf lokaler Ebene zusammengearbeitet?
- Kann die Konten-/Bankenstruktur straffer organisiert werden?
- Aufnahme der Mengengerüste (Transaktionsarten, Stückzahl, Cash flow)
- Gibt es in einigen Ländern/Gesellschaften spezielle lokale Anforderungen?
- Aufbereitung der Daten

Grob-Konzeption des Cash Pools
- Singel bank solution vs. Overlaystruktur?
- Einbindung lokaler traditioneller Cash Management Banken gewünscht?
- Cash Pooling Varianten (physisches Cash Concentrating, Notional Pooling …)
- Rechtliche und steuerrechtliche Aspekte
- Welche Währungen sollen einbezogen werden?
- An welchen Standorten sollen die Währungspositionen konzentriert werden?
- Konzerninterne Zinsverrechnung

Bankenauswahl
- Beauty contest
- Entscheidung für die Cash Pooling Bank/Mandatsvergabe

Umsetzung
- Einholung aller erforderlichen Dokumente von den Gesellschaften und Banken
- Abschluss von Rahmenverträgen zwischen den Konzerngesellschaften
- Abschluss von Verträgen mit den involvierten Kreditinstituten
- Anpassung der Banken-/Kontenstruktur/Kontoeröffnungen/Kontoschließungen
- IT-technische Implementierung
- Einrichtung der Verrechnungskonten
- Feinjustierung der Cash Pooling Parameter (z.B. Intraday Linien, Mindestbeträge)

Nutzeneffekte von Cash Pooling-Systemen

Quantitativer Nutzen:
- In der Regel hohes Einsparungspotenzial durch optimiertes Liquiditätsmanagement
- Verbesserung des Zinsergebnisses der Gruppe durch Cash Pooling

Qualitativer Nutzen:
- Hohe Transparenz: Währungspositionen sind jederzeit bekannt und abrufbereit
- Informationsbasis für ein effizientes Währungsmanagement
- Zeitersparnis durch voll automatisches Cash Pooling-System
- Automatische Anlage der zentralen Cash Positionen
- Infrastruktur für Intercompany Loans und Deposits
- Entlastung der Gesellschaften durch Zentralisierung der Cash-/Treasury Management Aufgaben
- Ratingagenturen favorisieren zentrale Treasury-Organisationen
- Schlankere Bilanz durch Zentralisierung sowie Kompensation der Banksalden
- Bei Bedarf Reduzierung lokaler Kreditlinien möglich

Kurzfristige Geldanlagen im Rahmen des Cash-Pooling

Anforderungen an kurzfristige Geldanlagen

- Sicherheit (Risikoklassifizierung)
- Liquidität (jederzeitige Verfügbarkeit der Mittel)
- Renditevorteile (gegenüber „einfachen" Terminanlagen)
- Professionelles Management

Alternativen der kurzfristigen Geldanlage

- Termingeldanlagen
- Geldmarktpapiere (kurzlaufende Renten, CP's, CD's)
- Festverzinsliche Anleihen (Restläufer)
- Floater (variabel verzinsliche Anleihen)
- Geldmarktfonds/Geldmarktnahe Fonds

5.2 Zahlungsverkehr

Anforderungen an den Zahlungsverkehr

- **Kosteneinsparung**
  - Transaktionskosten
  - Zins- und Valutenoptimierungen
  - Kosten für fremde Dienstleistungen
- **Prozessbeschleunigung**
- **Fehlervermeidung**
- **Sicherheit**
  - Minimierung von Manipulationsmöglichkeiten
  - Mehrstufige Freigaben
  - Elektronische Unterschrift
- **Nachvollziehbarkeit**

Merkmale der Payment Factory

- „Single Entry Point" für eingehende und ausgehende Transaktionen
  - Zentralisierte Verwaltung von Zahlungsaus- und Zahlungseingängen (inkl. Lastschriften) im Namen von Kunden/Tochterunternehmen mittels eines einzigen Kommunikationskanals
  - Interne Verrechnungen können durch eine „Inhouse-Bank" ausgeglichen werden (Netting)

- Institution zur Transaktionsverwaltung von zentralen wie auch von dezentralen Debitoren- und Kreditorenbuchhaltungsfunktionen
  - Rationalisieren von Transaktionsprozessen
  - Zentrale Kostensteuerung
  - Filtern und interne Verrechnung von Intercompany-Zahlungen

Ziele der Payment Factory

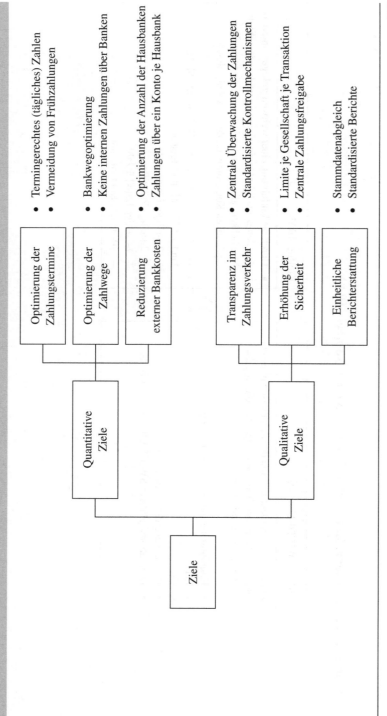

Auslandszahlungsverkehr: International Bank Account Number (IBAN)

Bisher: SWIFT/BIC-Code

Zur eindeutigen Identifikation des Zahlungsempfängers und seiner Bank war in der Vergangenheit die Angabe folgender Daten erforderlich:

- Kontonummer des Zahlungsempfängers
- Land
- Ort
- Bezeichnung der Empfängerbank
- International gültiger SWIFT/BIC-Code der Bank

Künftig: IBAN

- Durch die Einführung einer weltweit gültigen, internationalen Bank-/Kontonumerierung besteht nunmehr die Möglichkeit, alle genannten Daten aus einer einzigen eindeutigen Kontonummer, der IBAN abzulesen.
- Die einheitliche Länge der IBAN wurde für Deutschland auf 22 Stellen festgelegt
  - 2-stelliger Ländercode
  - 2-stellige Prüfziffer
  - 8-stellige Bankleitzahl
  - 10-stellige Kontonummer

Die Bankgarantie als abstraktes Instrument der Zahlungssicherung im Außenhandel

Bankgarantie: Einseitiger Vertrag zwischen einer Bank als Garantin und einem Begünstigten als Garantienehmer, in dem die Bank dem Begünstigten verspricht, ihm eine Zahlung in bestimmter Höhe zu leisten, falls ein Dritter eine Leistung nicht erbringt oder sich ein sonstiges Ereignis (nicht) verwirklicht.

Direkte Garantie

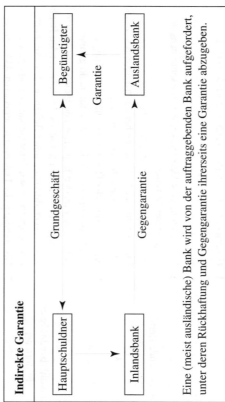

Der Kunde beauftragt die Bank, eine Garantie unmittelbar zugunsten des Begünstigten abzugeben.

Indirekte Garantie

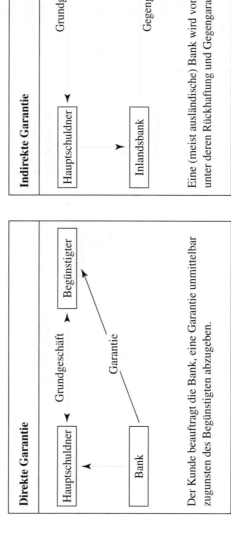

Eine (meist ausländische) Bank wird von der auftraggebenden Bank aufgefordert, unter deren Rückhaftung und Gegengarantie ihrerseits eine Garantie abzugeben.

Ablauf eines Dokumentenakkreditiv im Außenhandel

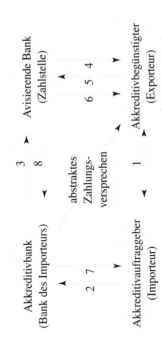

1. Exporteur und Importeur schließen Liefervertrag
2. Akkreditiveröffnungsauftrag des Importeurs an seine Bank
3. Übersendung des Akkreditiveröffnungsschreibens an die avisierende Bank
4. Avisierungsschreiben an den Exporteur
5. Einreichung der Dokumente bei der avisierenden Bank (Zahlstelle) nach erfolgter Lieferung
6. Nach Prüfung der Dokumente und Feststellung der Übereinstimmung mit den Akkreditivbedingungen Auszahlung an den Exporteur und gleichzeitige Übersendung der Dokumente seitens der avisierenden Bank an die Akkreditivbank unter Belastung des Dokumentengegenwerts sowie ihrer Gebühren und Spesen
7. Übersendung der Dokumente seitens der Akkreditivbank an den Importeur unter Belastung seines Kontos mit dem Dokumentengegenwert sowie den Gebühren und Spesen der beteiligten Banken

5.3 Konzernclearing

Typischer interner Verrechnungsverkehr vor Einführung von zentralem Intercompany Clearing

- Der Verrechnungsverkehr zwischen Konzerneinheiten großer Unternehmen findet häufig auf der Basis bilateraler Vereinbarungen, ohne klare Vorgaben der Zentrale über die Art der Abwicklung, die zulässigen Zahlwege, Zahlungsziele oder Verrechnungswährungen statt

- Zahlungen werden individuell veranlasst und häufig über externe Banken abgewickelt. Teilweise wird der Verrechnungsverkehr per Saldenübertrag auf Basis von Verrechnungskonten abgewickelt. In beiden Fällen bestehen Hindernisse in der Zuordnung und Abarbeitung der regulierten Geschäftsvorfälle

- Häufig finden nicht wertschöpfende Tätigkeiten statt (z.B. extensive Prüfungen von internen Rechnungen, die Verwaltung überfälliger Posten und die Verfolgung von Mahnungen). Differenzen bei der Konsolidierung im Rahmen eines Konzernabschlusses aus dem gegenseitigen Verrechnungsverkehr sind die unmittelbare Folge. Diese müssen im zeitkritischen Abschlussprozess aufwendig geklärt werden.

(vgl. KPMG)

Zahlungsverkehrs-Netting

Gegenstand: Saldierung konzerninterner Zahlungsströme

Ziel: Minimierung von unternehmensinternen Zahlungen

Formen:
- Bilaterales Netting: Verrechnung der Zahlungsverpflichtungen zwischen zwei Gesellschaften eines Konzerns, um anschließend nur den Saldo zu belasten bzw. gutzuschreiben
- Multilaterales Netting: (Weltweite) Verrechnung von gegenseitigen Forderungen und Verbindlichkeiten gleichzeitig zwischen einer Vielzahl von Gesellschaften (und Ländern)

Voraussetzung: „Netting-Center", bei dem sternförmig alle relevanten Informationen zusammenlaufen und das die Nettosalden für die einzelnen Gesellschaften ermittelt

Vorteile:
- Reduzierung der Anzahl von Transaktionen und damit Überweisungsgebühren
- Minimierung des Zahlungsverkehrsvolumens
- Reduzierung von Wertstellungsverlusten (taggleiche Wertstellung bei Zahlungsleistenden und -empfängern)
- Rationalisierung der Abwicklungsaufgaben im Debitoren- und Kreditorenbereich
- Bessere Voraussetzungen für Liquiditätsplanung und -disposition

Zentrales Intercompany Clearing: Ziele und Elemente

Ziele:
- Schnelle und automatisierte Verrechnung der konzerninternen Leistungen
- Vereinfachung und Vereinheitlichung des internen Verrechnungs- und Zahlungsverkehrs

Elemente:
- Standardisierung der Daten- und Nachrichtenformate (Einsatz von EDI)
- Umstellung des internen Zahlungsverkehrs auf den Einzug von Forderungen durch den Forderungsinhaber per Lastschriftverfahren
- Realisierung einer zentralen Plattform zur transparenten Klärung strittiger Vorgänge
- Ableitung von relevanten Änderungen im Konzernabschlusswesen im Hinblick auf interne Vorgänge
- Implementierung einer zentralisierten Abwicklung des internen Verrechnungs- und Zahlungsverkehrs über ein gemeinsames Clearing Center (inhouse oder ausgegliedert)
- Anpassung der vorgelagerten Prozesse der Rechnungserstellung und -übermittlung

Konzernclearing

Ablauf des Intercompany Clearing

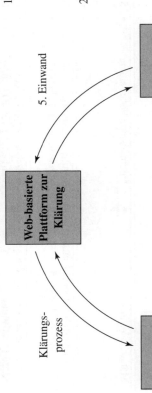

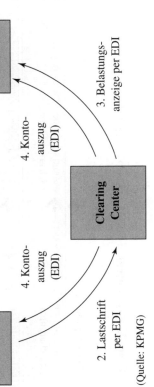

1. Aufgrund konzerninterner Lieferungen/Leistungen schickt der Lieferant per EDI eine Rechnung an den Kunden. Die Rechnung wird umgehend im Kontokorrent gebucht, sowohl beim Lieferanten als auch beim Kunden.

2. Alle offenen Posten (Forderungen) werden mit dem Lastschriftverfahren eingezogen. Die Lastschriftdatei wird an das zentrale Clearing Center übermittelt. Die konzerninternen Belastungen werden auf den Verrechnungskonten in der Zentrale gebucht.

3. Anschließend werden elektronische Zahlungsavise für eine automatisierte Verarbeitung im Kontokorrent des Kunden vom Clearing Center bereitgestellt (offener Postenausgleich beim Kunden).

4. Das Clearing Center erstellt die Kontoauszüge in elektronischer Form und versendet diese an die beteiligten Geschäftspartner.

5. Klärungsfälle – z.B. bei Lieferabweichungen, Preisdifferenzen oder fehlenden Rechnungen – werden ausschließlich und kontinuierlich über eine zentrale Plattform durch den zuständigen Sachbearbeiter aufgenommen, klassifiziert und abgearbeitet. Die Differenzen werden nach der Klärung ausschließlich per Gutschrift reguliert.

(Quelle: KPMG)

Vorteile des zentralen Intercompany Clearing

Übergang von	→ zu	→ Nutzen
Regulierung auf Basis bilateraler Vereinbarungen	Zentralistische Abwicklung via Clearing Center	• Nutzung interner Zahlungswege, dadurch Zins- und Liquiditätsvorteile • Verringerung des Abwicklungs- und Abstimmungsaufwandes
Individual-Zahlungsverkehr	Standardisierter Zahlungsverkehr	• Erhöhte Datenqualität und Automatisierbarkeit • Vermeidung von Konsolidierungsdifferenzen • Synergieeffekte mit externem Zahlungsverkehr
Kundenseitige Abwicklung durch Zahlung	Lieferanteninitiierte Abwicklung durch Lastschrift	• Reduzierter Abwicklungsaufwand • Zwang zur beidseitigen Buchung und Klärung von Differenzen durch Lastschrifteinzug
Manuelle Verarbeitung	Automatisierte Verarbeitung	• Schnelle Abwicklung • Verringertes Fehlerpotenzial • Verringerter Personalaufwand • Geringer manueller Nachbearbeitungsaufwand
Zahlung erfolgt innerhalb eines Zeitraums (bei Fälligkeit)	Regulierung sofort; Wertstellung zur Fälligkeit	• Vorausschauende Liquiditätsplanung für beide Partner • Verbessertes Cash-/Währungsmanagement • Gleichstand von Forderungen und Verbindlichkeiten zu jedem Stichtag
Auf Stichtage konzentrierter Klärungsaufwand	zeitnahe, kontinuierliche Abarbeitung von Klärungsfällen	• Gleichmäßige Personalauslastung • Rechtzeitiges Erkennen von Missständen • Aktuelle, zeitnahe Beseitigung von Differenzen

↑ Vermeidung von Konsolidierungs-Differenzen

(Quelle: KPMG)

6. Risikomanagement

6.1 Überblick

Überblick 6.1

Die Risiken des Finanzbereichs umfassen Erfolgs- und Liquiditätsrisiken

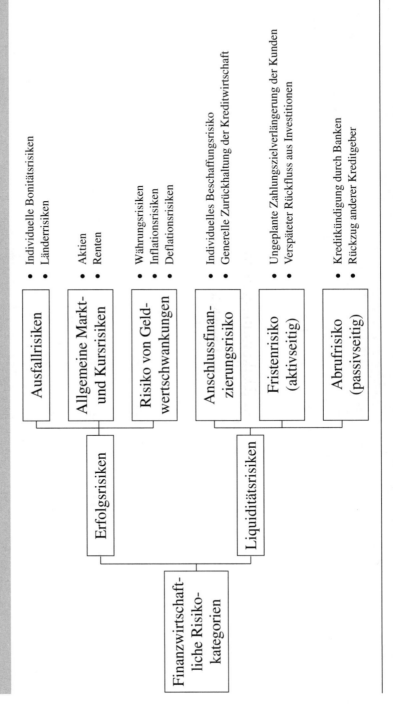

Überblick 6.1

Fragen und Themenbereiche im Risikomanagement

Schlüsselfragen
- **Wie kann man den Umgang mit Risiken ökonomisch sinnvoll gestalten?**
- **Wie beeinflusst ein verbessertes Verständnis der Risikosituation strategische Entscheidungen?**
- **Wie funktioniert die operative Umsetzung?**

- Welchen Risiken ist das Gesamtunternehmen ausgesetzt (einzeln, in Aggregation)?
- Welche Ergebnisse sind aus diesen Risiken für das Unternehmen zu erwarten?

→ **Risiko-/Ergebnismessung**

- Lohnt es sich überhaupt, Risiken einzugehen? Lohnt sich eine Versicherung?
- Wie kann das Risikoportfolio eines Unternehmens aktiv gemanagt werden?

→ **Risikonahmestrategie**

- Wo liegt die Obergrenze des Risikos für das Unternehmen?
- Können eingegangene Risiken adäquat durch Kapital abgedeckt werden?

→ **Kapitalmanagement**

- Wie kann zielorientiertes Risikomanagement organisatorisch und systemtechnisch abgesichert werden?

→ **Risikomanagement-Strukturen und -Systeme**

(Quelle: McKinsey)

Überblick 6.1

Ansätze für Risikonahmestrategien (Auswahl)

Bewusste Risikoübernahme
- Risikobewertung
- Risikobepreisung

Risikotransformation
- Risikodiversifikation
- Hedging

Risikovermeidung
- Operative Exzellenz
- Aufgabe von Geschäftszweigen

Risikoüberwälzung
- Märkte
- Versicherungen
- Kunden, Lieferanten
- Staat

(Quelle: McKinsey)

Überblick 6.1

Der Risikomanagementprozess

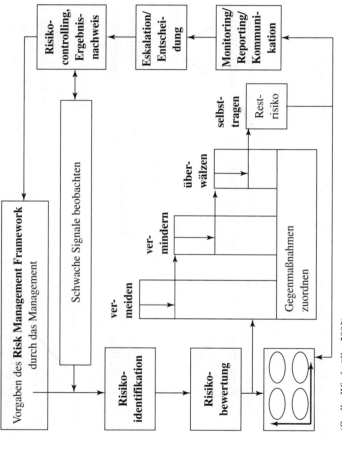

(Quelle: Windmöller 2003)

Überblick 6.1

Informations- und Entscheidungskreislauf im Rahmen der Risikodarstellung

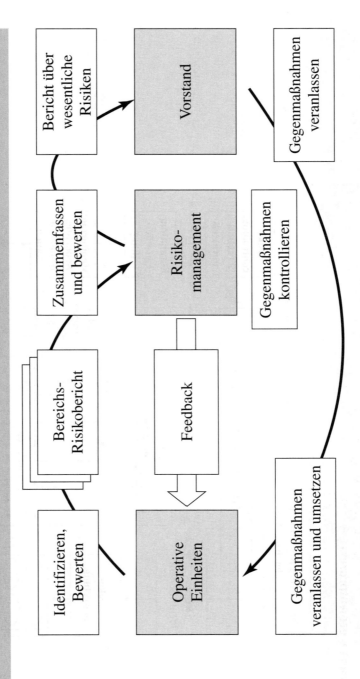

(Quelle: Windmöller 2003)

6.2 Kreditrisikomanagement

Aufgabenbereiche des Kreditmanagements

Einräumen von Kreditlinien für Kunden:
- Grundsatz: Bei der Vorgabe des Kreditspielraumes für Kunden hat der Kreditmanager wie eine Bank zu handeln
- Beurteilung der Kreditfähigkeit und -würdigkeit
- Regelmäßige Aktualisierung
- Unerlässlich: Zentrale Transparenz über gesamtes Exposure eine Unternehmens
  - ein Kunde erhält Lieferungen von mehreren Tochtergesellschaften
  - mehrere Kunden gehören zu ein- und demselben Konzern

Überwachung der Kreditlinien:
- Standardisiertes Berichtswesen
  - kundenbezogen (z.B. Verlangsamung des bisherigen Zahlungsrhythmus)
  - Situation des Gesamtunternehmens (z.B. Umfang und (Über-)Fälligkeiten der eigenen Außenstände)

Sicherungsmaßnahmen:
- Änderung der Zahlungsbedingungen (z.B. Übergang von einem offenen Zahlungsziel zu einer gesicherten Zahlungsform)
- Garantien, Patronatserklärungen, Bürgschaften
- Factoring, Forfaitierung, Kreditversicherung
- Senkung der Kreditlinien

Ziele des Kreditmanagements

- Aktive Gestaltung von Bonitätsrisiken die durch Verzugs- und Ausfallrisiken auftreten

- Präventive und ursachenbezogene Risikogestaltung durch Verminderung und/oder Vermeidung von Bonitätsrisiken

- Balance zwischen Umsatz- und Gewinnziel sowie Bonitätsrisiko

- Erhöhung der Liquidität und damit verbundene Reduzierung von Kapitalkosten und/oder Realisierung von Opportunitätserträgen

Unternehmens- und Privatinsolvenzen im Vergleich – 1999 bis 2003 –

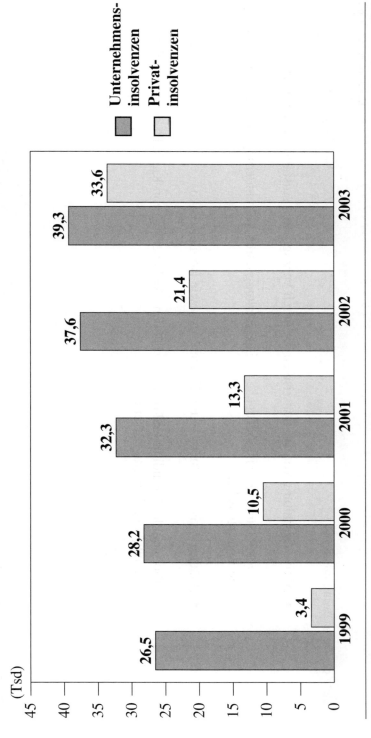

Kreditmanagement-Rahmen

Strategischer Rahmen	Aufbauorganisation	Kernprozesse	Serviceprozesse
Unternehmensziele	Kreditrisikoüberwachung	Organisationsrichtlinien	Personal (Qualifikation der Mitarbeiter)
Kreditrisikostrategie	Kompetenzordnung	Kreditrisikoüberwachung • Limitierung • Portfoliocontrolling • Berichtswesen	IT (Betriebsrisiken)
Rahmenbedingungen	Auslagerung	Kreditgewährung • Kreditbeantragung • Risikoklassifizierung (Rating/Scoring) • Sicherheitenbewertung • Konditionengestaltung • Kreditentscheidung • Kreditbereitstellung	Rechnungswesen (Risikovorsorge)
Neue Produkte/ Neue Märkte		Kreditweiterbearbeitung • Kreditadministration • Sicherheitenmanagement • Turnusmäßige Kreditwürdigkeitsprüfung • Frühwarnsystem • Intensivbetreuung	Interne Revision
		Problemkreditbehandlung • Problemfallmanagement • Abwicklungsmanagement • (Risikovorsorge)	
		Kreditrisikomanagement • Portfolioanalyse • Portfolioselektion • Portfoliomanagement	
		Kreditbearbeitungskontrolle	

(Quelle: KPMG)

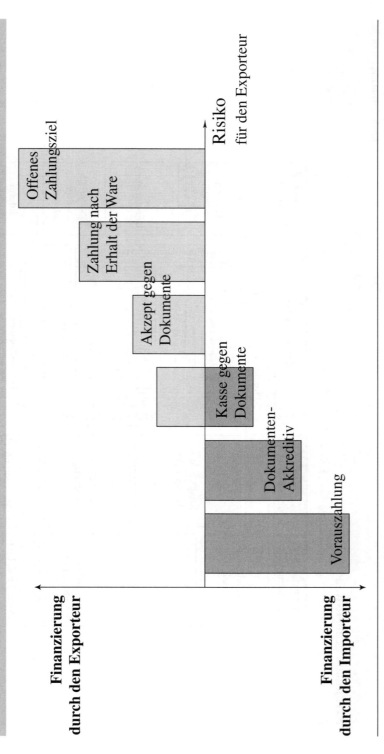

Fallbeispiel Roche-Konzern: Die Zahlungsbedingungen im Exportgeschäft hängen vom Länderrisiko ab

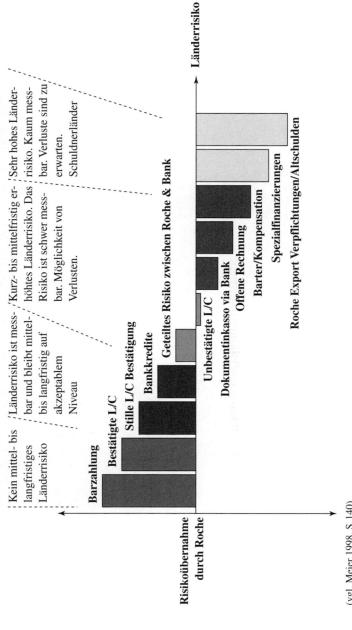

(vgl. Meier 1998, S. 140)

6.3 Währungsrisikomanagement

Unternehmerisches Währungsrisikomanagement

Gegenstand: • Absicherung (Hedging) unternehmerischer Ergebnisgrößen gegenüber unerwarteten Veränderungen der Wechselkurse

Ursachen • Währungsrisiken resultieren aus den Marktpreisschwankungen der Fremdwährungen, in denen das operative und das Finanzgeschäft durchgeführt werden

Ziele
- Begrenzung bzw. Minimierung der unternehmerischen Währungsrisiken
- unter Beachtung der damit einhergehenden Kosten und
- der Risikotragfähigkeit des Unternehmens (gemessen an der Ergebnis- und Eigenkapitalsituation)

Währungsrisikomanagement 6.3

Wie Hedging funktioniert: Strategien zur Währungsabsicherung an einem fiktiven Beispiel

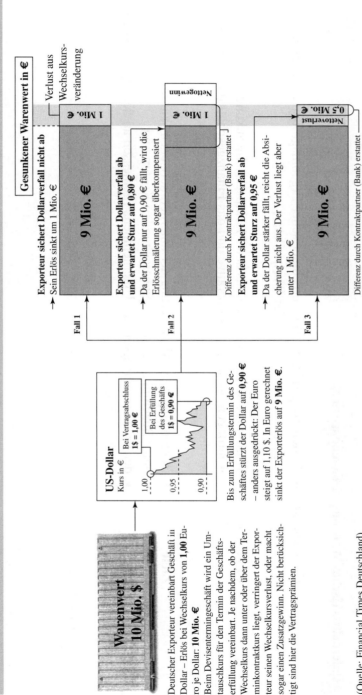

(Quelle: Financial Times Deutschland)

Ein umfassendes Währungsmanagement-Konzept umfasst zehn Elemente (1)

Bestandteile des Währungsmanagementkonzeptes	Ausprägungen	Fragestellungen
1. Definition des Währungsrisikos	• Transaktionsrisiko • Translationsrisiko • Ökonomisches Risiko	• Welche Arten des Währungsrisikos werden im Rahmen des Währungsmanagements gesteuert?
2. Risikozeitpunkt	• Planung • Angebotsabgabe • Vertragsabschluss • Fakturierung	• Ab welchem Zeitpunkt eines (geplanten) Geschäftes setzen die Absicherungsüberlegungen an?
3. Risikozeitraum	• Preisbindungszeitraum • Anzahl Monate	• Für welchen Zeitraum werden Absicherungsüberlegungen vorgenommen?
4. Umfang der Währungspositionen	• Profit-centerbezogen/konsolidiert • Micro-/Macrohedges	• Welche Währungspositionen in einem Unternehmensverbund werden betrachtet? • Bezieht sich die Sicherung auf Einzelgeschäfte oder erfolgt eine pauschale Sicherung?
5. Sicherungsstrategie	• gar nicht/vollständig/teilweise • Volatilität/Volumen • Kosten/Nutzen	• Welcher Anteil am Exposure soll gesichert werden? • Welche Kriterien liegen hierfür zugrunde?

Ein umfassendes Währungsmanagement-Konzept umfasst zehn Elemente (2)

Bestandteile des Währungsmanagementkonzeptes	Ausprägungen	Fragestellungen
6. Zulässige Instrumente	• Kassageschäfte • Termingeschäfte • Optionsgeschäfte	• Welche Instrumente dürfen für Hedging-Geschäfte eingesetzt werden?
7. Umgang mit Risiken aus dem Einsatz von Finanzinstrumenten	• Partnerauswahl und -limits • Positionslimits	• Mit welchen Partnern dürfen Währungssicherungsgeschäfte abgeschlossen werden? • Welche Limits gibt es für einzelne Partner? • Welche Positionen sind für einzelne Währungen maximal zulässig? • Wie werden die Finanzinstrumente bilanziert?
8. Organisation des Währungsmanagements	• Zentral/dezentral • Intern/extern • Abschluss/Abwicklung/Kontrolle	• Wer trifft die Entscheidungen über die durchzuführenden Sicherungsmaßnahmen? • Welche personellen und organisatorischen Vorkehrungen sind bei Abschluss, Abwicklung, Kontrolle und Bilanzierung von Währungsgeschäften zu beachten? • Wer darf externes Währungsmanagement betreiben?

Ein umfassendes Währungsmanagement-Konzept umfasst zehn Elemente (3)

Bestandteile des Währungsmanagementkonzeptes	Ausprägungen	Fragestellungen
9. Erfolgsmessung und Berichtssystem	• Benchmark • Berichte	• Wie wird der Erfolgsbeitrag des Währungsmanagements gemessen? • Welche Berichte zum Währungsrisikomanagement werden von wem in welcher Häufigkeit und für welche Adressaten erstellt?
10. Richtlinien/Handbuch	• Währungsrisikorichtlinie • Richtlinienverantwortlichkeit	• Sind alle wesentlichen Elemente des Währungsmanagementkonzeptes im Treasury-Handbuch dokumentiert? • Ist die Aktualisierung geregelt?

Risikobereiche im Währungsmanagement

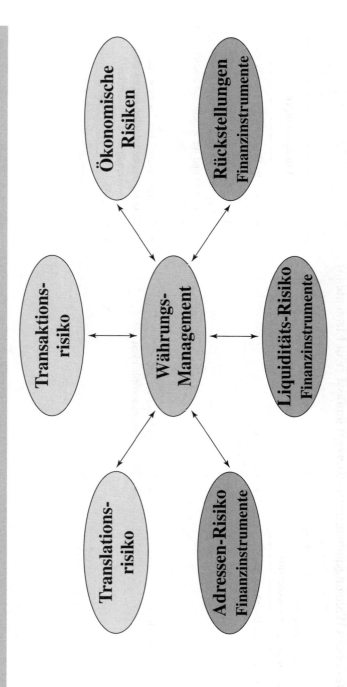

(Quelle: Zunk 2002, S. 91)

Es sind drei Formen des Währungsexposure zu unterscheiden

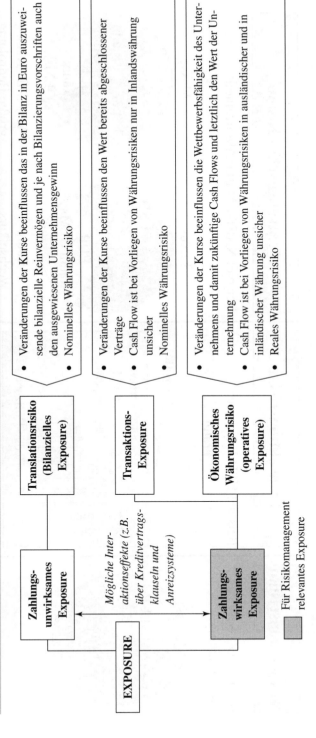

(vgl. Hommel/Pritsch 1998, S. 13)

Fallbeispiel DaimlerChrysler (DC): Das bedeutendste Währungsrisiko ist das strategische wettbewerbsinduzierte Währungsrisiko

Translationsrisiko

Beispiel DC Services, EK-Verteilung:

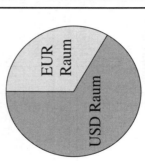

Transaktionsrisiko

Beispiel USD Exposure:

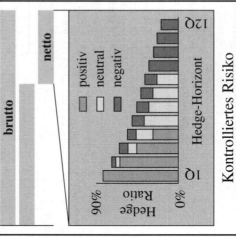

Kontrolliertes Risiko

Strategisches Risiko

Beispiel NAFTA-Markt, Absatzanteil:

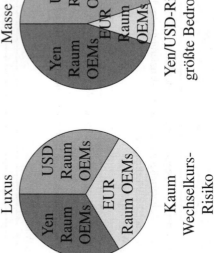

Kaum Wechselkurs-Risiko

Yen/USD-Risiko größte Bedrohung

(Quelle: Kauffmann 2004, S. 12)

Währungsrisikomanagement 6.3

Risikozeitpunkt und -zeitraum sind unternehmensspezifisch festzulegen

	Planung	Angebots-abgabe	Vertrags-abschluss	Faktu-rierung	Zahlungs-eingang
Währungsrisiko	„Geplant", nicht eingetreten	Statistisch abschätzbar	Eingetreten, Volumen und Zeit u.U. begrenzt quantifizierbar	Eingetreten, Volumen und Zeit kalkulierbar	
Mögliche Absicherungsstrategie	Sockelsicherung für Seriengeschäft möglich?	Statistische Quote	Spätester Zeitpunkt für Auftragsgeschäft	Datenübermittlung an Treasury für Kontrolle	

Absicherungszeitraum?

Fallbeispiele zur Definition des Risikozeitraumes

Bereich	Dauer Preisbindung (Monate)	Kommentar
Werkzeug-maschinen		Klassisches Transaktionsrisiko: Preisfixierung auf aktuellem Kursniveau, Risiko entsteht bei Geschäftsabschluss/Angebot.
Ersatzteile		Transaktionsrisiko auf Planbasis: Risiko entsteht mit Festlegung der Preise für die Katalogperiode mit Preisgarantie.
Heimwerker-katalog		Themen- bzw. saisonbezogene Kataloge: spezielle Produkte, kurze Preisbindung über Kataloglaufzeit
Wartung		Einzelaufträge, laufender Service zu Preislistenpreisen, langfristige Verträge zu Festpreisen

(Quelle: Schwabe, Ley & Greiner)

Fallbeispiel: Ermittlung des Währungsexposure (Transaktionsrisiken)

Risiko-Art: Transaktions-Risiken						Gesellschaft: Unternehmen AG						Währung: USD	Jahr: 2005	
Monat	1	2	3	4	5	6	7	8	9	10	11	12	13.9.2001	
Brutto/Verkaufs-Exposure	IST	IST	Plan	Plan	Plan	Plan	Plan	Plan	Plan	Plan	Plan	Plan	Gesamt	Ant.%
• Planung										15	19	16	50	23,7
• Aufträge	21	19	15	23	19	20	21	23	20				103	48,8
• Forderungen													78	37,0
• Des-Investitionen												3	3	1,4
• Sonstiges													0	0,0
Summe Verkauf	**21**	**19**	**15**	**23**	**19**	**20**	**21**	**23**	**20**	**15**	**19**	**19**	**234**	**111**
Risiko-Vermeidung														
• Bestell-Planung								1		1	1	1	4	1,9
• Bestell-Aufträge		2	2	2	2	2	2		1				7	3,3
• Bestell-Obligo	1												7	3,3
• Netting						1							0	0,0
• Zins-Zahlungen												1	2	0,9
• Investitionen										3			3	1,4
• Sonstiges													0	0,0
Summe Einkauf	**1**	**2**	**2**	**2**	**2**	**3**	**2**	**1**	**1**	**4**	**1**	**2**	**23**	**10,9**
Netto-Exposure	**20**	**17**	**13**	**21**	**17**	**17**	**19**	**22**	**19**	**11**	**18**	**17**	**211**	**100**
Absicherungen														
• Devisen Termin	13	12	8	6	5	7	6	8	8	10	7	6	96	45,5
• Cross Currency Swaps													0	0,0
• Kapital-Anlage/Aufnahme													0	0,0
• Optionen Strike erreicht?													0	0,0
• Sonstige Absicherung													0	0,0
Summe Sicherung	**13**	**12**	**8**	**6**	**5**	**7**	**6**	**8**	**8**	**10**	**7**	**6**	**96**	**45,5**
offenes Volumen	7	5	5	15	12	10	13	14	11	1	11	11	115	54,5
Absich. - Quote von – bis	65,0%	70,6%	61,5%	28,6%	29,4%	41,2%	31,6%	36,4%	42,1%	90,9%	38,9%	35,3%	45,5%	
60,0%	80,0%													

(Quelle: Zunk 2002, S. 94)

Zusammenführung der Währungsrisiken in einer zentralen Organisationseinheit sinnvoll

Vorteile der Zusammenführung:
- Verfügbarkeit von Know-how
- Günstigere Konditionen bei Banken (höhere Volumina)
- IT-Kapazitäten
- Koordinierte Sicherungspolitik
- Matching von Konzernpositionen

Mögliche Probleme der Zusammenführung:
- Akzeptanz der dezentralen Unternehmenseinheiten
- Autonomieverlust
- Verschiedene Zeitzonen
- Verständigung infolge unterschiedlicher Sprachen
- Aber: Sonderkonditionen für Tochtergesellschaften (z.B.: Mittel zwischen Geld- und Briefkurs)

Gruppeninterne Abwicklung:
- Konzernzentrale als „Bank" der Tochtergesellschaften
- Ergebnisausgleich über Verrechnungskonten
- Ermittlung des Exposures auf Basis regelmäßiger Meldungen

Aus Konzernsicht überwiegen die Vorteile einer zentralen Steuerung des Währungsrisikos

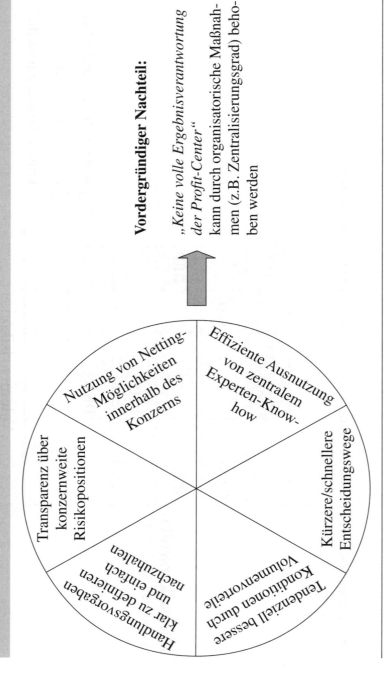

Vordergründiger Nachteil:

„Keine volle Ergebnisverantwortung der Profit-Center" kann durch organisatorische Maßnahmen (z.B. Zentralisierungsgrad) behoben werden

- Nutzung von Netting-Möglichkeiten innerhalb des Konzerns
- Effiziente Ausnutzung von zentralem Experten-Know-how
- Kürzere/schnellere Entscheidungswege
- Tendenziell bessere Konditionen durch Volumenvorteile
- Handlungsvorgaben klar zu definieren und einfach nachzuhalten
- Transparenz über konzernweite Risikopositionen

Sicherungsstrategie: Bestimmung von Sicherungsaktivitäten im Währungsportfolio

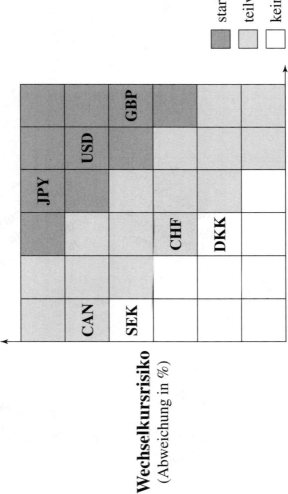

Wechselkursrisiko-Management in der Praxis

„Welcher Ansatz entspricht am ehesten der Kurssicherungspolitik Ihres Unternehmens?"

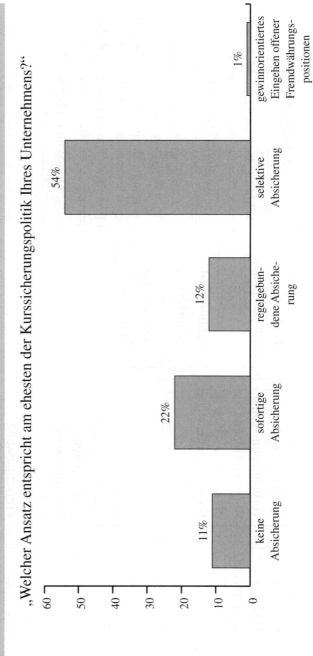

n = 74 börsennotierte deutsche AG's
Ø Jahresumsatz 1996 ca. 6 Mrd. Euro

(Quelle: Glaum/Förschle 2000, S. 44)

Hedging-Instrumente: Überblick

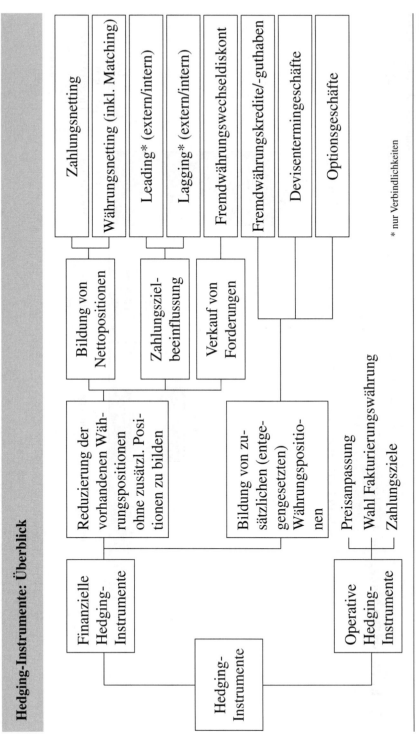

Instrumente des Währungsmanagements (1)

Instrument	Merkmale	Erfüllungspflicht
Devisenkassageschäft	• Devisengeschäft, bei dem zwischen Abschluss und Erfüllung zwei Arbeitstage liegen	ja
Devisentermingeschäft	• Die Lieferung oder die Abnahme einer Währung wird für einen späteren Zeitpunkt zu einem festen Kurs vereinbart • Zwischen Abschluss und Erfüllung kann ein Zeitraum von drei Tagen bis zu mehreren Jahren liegen	ja
Devisenswapgeschäft	• Es wird gleichzeitig der Tausch (= swap) zweier Währungen jetzt und der Rücktausch zu einem späteren Zeitpunkt vereinbart • Kombination von Devisenkassageschäft und Devisentermingeschäft	ja

Instrumente des Währungsmanagements (2)

Instrument	Merkmale	Erfüllungspflicht
Devisenoptionsgeschäft	• Käufer: Recht auf Kauf/Verkauf einer Währung zu einem vereinbarten Kurs und zu einem vereinbarten Zeitpunkt oder innerhalb eines Zeitraumes	nein
	• Verkäufer (Stillhalter): Pflicht zu Kauf/Verkauf einer Währung zu einem vereinbarten Kurs und einem vereinbarten Zeitpunkt oder in einem definierten Zeitraum	ja
	• Ausstattungsmerkmale: – Basiswert (underlying) – Ausübungspreis (Strike Price) – Verfalltermin (Expiry Date) – Optionsprämie (Option Premium)	

Währungsrisikomanagement 6.3

Fallbeispiel: Handlungsoptionen für die Währungsstrategie bei der BMW-Gruppe

Handlungs-option	Hedging	Produkt-allokation	Preis-gestaltung	Einkauf	Produktion
Beschreibung	Währungssicherung des Netto-Exposures über den Devisenterminmarkt in Abhängigkeit von der Über- oder Unterbewertung einer Währung	Ergebnisorientierte Vertriebssteuerung, d.h. gezielte Absatzsteigerung in den Ländern, die sich aufgrund der Wechselkurse attraktiver darstellen als andere	Laufende Anpassung der Verkaufspreise nur begrenzt möglich, aber z.B. Preispositionierung bei Einführung neuer Modelle	Nahezu 50 % des Einkaufsvolumens werden außerhalb Deutschlands getätigt	Währungssituation als einer von vielen Parametern bei Standortentscheidungen

Zeitliche Wirkung

KURZFRISTIG
0 – 3 Jahre

MITTELFRISTIG
1 – 3 Jahre

LANGFRISTIG
> 3 Jahre

(vgl. Krause 2004)

Ablauf des Währungsmanagements

Ermittlung des Risikovolumens	Kursprognose und Sicherungsvorschlag	Festlegung Sicherungsaktivität	Durchführung Devisenhandel	Ermittlung des Währungsergebnisses

• Währungsdifferenzierte Cash-flow-Planung
• Bildung von Salden pro Währung
• Konzernweite, vollständige Betrachtung des Währungsrisikos
	• Kursprognosen
	  – Technisches Modell
	  – Fundamentalprognose
	  – Expertenmeinungen
	• Abwägung Kurssicherungskosten gegen die möglichen Verluste aus Währungsschwankungen
		• Devisentermingeschäft
		• Devisenswapgeschäft
		• Devisenoptionsgeschäft
		• …
			• Klare funktionale Aufgabentrennung	• Vergleich mit Benchmark
				• Laufendes Berichtswesen

Währungsrisikomanagement 6.3

Währungsrisikomanagement 6.3

Die Aufgaben des Währungsmanagements werden von verschiedenen Stellen des Finanzbereichs und des Rechnungswesens wahrgenommen

- **Treasury-Controlling:** Exposure-Ermittlung, Erstellung von Währungsprognosen, Risikosimulationen, Entwicklung von Absicherungsstrategien, Plan-/Ist-Abweichungs-Analyse

- **Handel (Front-Office):** Handel in Finanzinstrumenten zu Absicherungszwecken

- **Back Office:** Kontrolle der Handelsgeschäfte, einschließlich Einhaltung von Limiten und Linien; Abwicklung sowie Veranlassung von Zahlungen

- **Finanzbuchhaltung:** Verbuchung der Absicherungsgeschäfte und Ermittlung des Rückstellungsbedarfs für die Finanzinstrumente in der Bilanz

- **Treasury-Gremium:** Grundsätzliche Absicherungspolitik und Überwachung der von Treasury durchgeführten Absicherungen

- **Operative Einheiten:** Meldung der Exposure-Daten

- **Interne Revision:** Prüfung der gesamten Abläufe zum Währungsmanagement

(Quelle: Zunk 2002, S. 96)

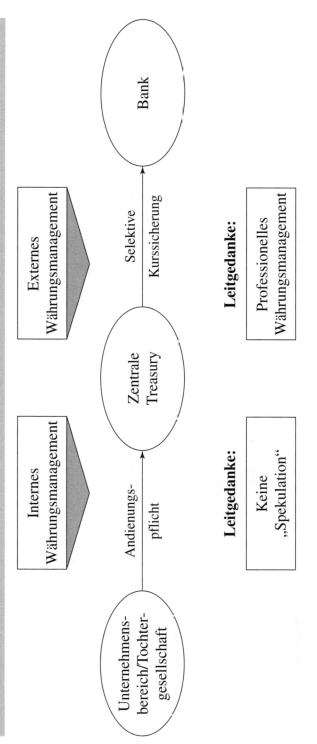

Währungsrisikomanagement 6.3

Eine strikte funktionale Aufgabentrennung ist Voraussetzung für eine sichere Ablauforganisation

Handel	Abwicklung	Kontrolle	Buchhaltung
• Konditionenverhandlung	• Einzelgeschäftskontrolle/-freigabe	• Bestätigungsschreiben erstellen	• Buchhaltungsfunktionen
• Vorbereitung und (telef.) Abschluss von Finanzgeschäften innerhalb Handlungsrahmen	• Eingang/Abgleich Bestätigungsschreiben	• Zahlungsaufträge im Zusammenhang mit Finanzgeschäften	• Ablage, Dokumentation Buchungsbelege/Bestätigungen
• Erfassung im Handelssystem	• Federführung Reklamationsbearbeitung	• Abwicklung überwachen	
• Standing Instructions für Zahlungswege, Abweichung nur in begründeten Ausnahmefällen			

Front Office	Back Office	Buchhaltung

379

Die Datenbasis der Treasury muss Transparenz über alle Risikopositionen bieten

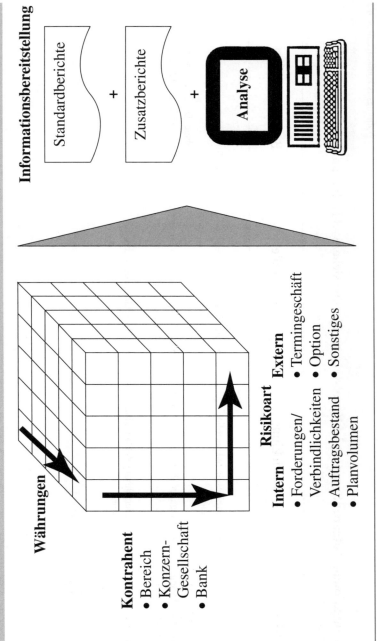

Ein auf individuelle Unternehmensbedürfnisse abgestimmtes Limitsystem begrenzt die bestehenden Risiken

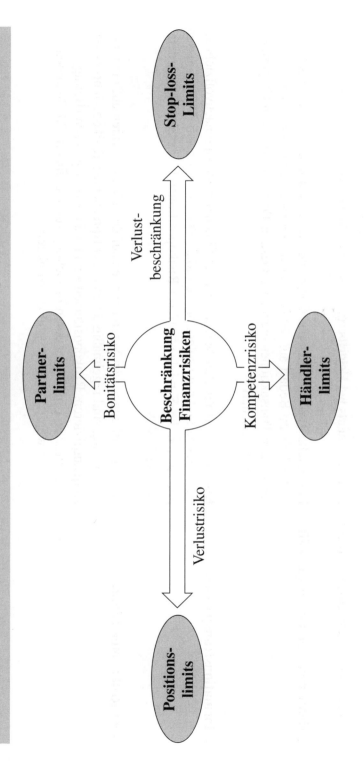

Fallbeispiel: Grundsätze des Währungsmanagements bei Heidelberger Druckmaschinen AG (1)

Orientierung am Grundgeschäft: Finanzielle Transaktionen des Corporate Treasury orientieren sich ausschließlich am Bedarf aus dem operativen Grundgeschäft. Das sich aus sämtlichen Transaktionen ergebende Gesamt-Portfolio wird von Corporate Treasury gesteuert.

Informationstransparenz: Risiko und Erfolg aller Maßnahmen im Finanzbereich sind nachvollziehbar darzustellen und mit professionellen Maßstäben zu bewerten. Dabei müssen alle Kosten des Schließens offener Risikopositionen berücksichtigt werden (z.B. Spreads).

Kein Risiko ohne Limit: Die Auswirkungen von Veränderungen auf den Finanzmärkten auf die Unternehmung sind regelmäßig durch ein entsprechendes Risikoberichtswesen zu quantifizieren. Risikopositionen sind konkret zu begrenzen (Betrag, Laufzeit, ...). Limite, bei deren Erreichung zuvor definierte Maßnahmen ergriffen werden müssen, sind zu definieren.

Fallbeispiel: Grundsätze des Währungsmanagements bei Heidelberger Druckmaschinen AG (2)

Nur bewilligte Instrumente: Es dürfen nur Finanzinstrumente eingesetzt werden, die vor Kontrahierung bewilligt wurden. Bewilligt werden nur jene Instrumente, die mit den eigenen Mitteln (Qualität und Quantität des Personals, geeignete Systeme) der kontrahierenden Stelle abgebildet werden können und deren Buchung, Bilanzierung und steuerliche Auswirkungen im Vorhinein geklärt sind.

Nur bewilligte Kontrahenten: Alle Gegenparteien der Heidelberger Gruppe für Finanztransaktionen jeder Art müssen im Vorhinein freigegeben werden. Für jeden Kontrahenten ist ein Limit festzusetzen. Die Überprüfung der Bonität der Kontrahenten und die Überwachung der Limite obliegt einer vom Handel unabhängigen Stelle.

Revisionssicherheit: Die Revisionssicherheit aller Treasury-Funktionen ist durch Standardisierung und Systematisierung von Abläufen, Einheitlichkeit und Nachvollziehbarkeit der Informationen, Personenunabhängigkeit und Funktionentrennung sowie Datensicherheit zu gewährleisten.

(Quelle: Grundl 2004, S. 11–13)

Fallbeispiel Infineon: „Control Points", um Treasury-Risiken zu begrenzen

Transaktionen
- Berechtigungs- und Ausführungskontrolle
- Aufgabenteilung
- Transaktionslimite
- Buchhaltungs-Schnittstelle
- Bestätigungen
- Dokumentation

Technologie
- Zugriffskontrolle
- Datenintegrität
- Systemsicherheit
- Sicherungskopien
- Dokumentation

Buchhaltung
- Hauptbuchzugang
- Berichterstattung/Kennzahlen
- Abstimmung
- Dokumentation

Risiko Management
- Finanzrisiken
- Operative Risiken
- Geschäftspartner Risiken
- Dokumentation

Bank und Investment Accounts
- Einrichtung/Unterschriften Kontrolle
- Richtlinienkonformität
- Transaktionenkontrolle
- Dollarlimite
- Dokumentation

Treasury Control Points

6.4 Zinsrisikomanagement

Zinsrisiken

Zinsrisiko-Management:
- Zielorientierte Auswahl einer bestimmten aus der Vielzahl der möglichen Wahrscheinlichkeitsverteilungen der Finanzierungskosten

Künftige Zinssätze:
- stellen eine Zufallsvariable dar, die mit bestimmten Wahrscheinlichkeiten bestimmte Ausprägungen annehmen (Wahrscheinlichkeitsverteilung der künftigen Zinssätze)

Zinsrisiken:
- aus entscheidungstheoretischer Sicht Beschreibung durch die Wahrscheinlichkeitsverteilung der Finanzierungskosten
- Finanzierungskosten hängen von der künftigen Entwicklung der Referenzzinssätze zu den Revolvierungszeitpunkten ab

(vgl. Jokisch 1996, S. 94)

Dimensionen des Zinsänderungsrisikos

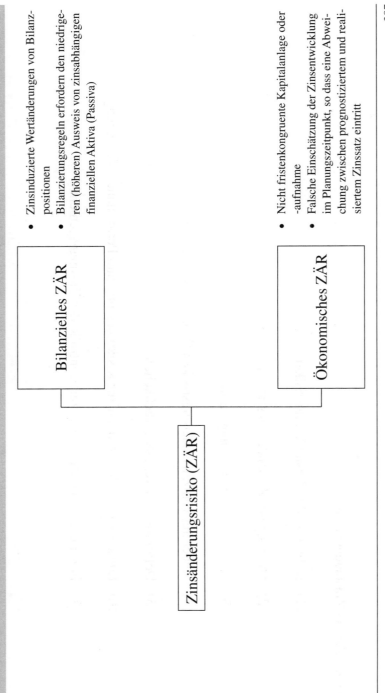

Bilanzielles ZÄR
- Zinsinduzierte Wertänderungen von Bilanzpositionen
- Bilanzierungsregeln erfordern den niedrigeren (höheren) Ausweis von zinsabhängigen finanziellen Aktiva (Passiva)

Ökonomisches ZÄR
- Nicht fristenkongruente Kapitalanlage oder -aufnahme
- Falsche Einschätzung der Zinsentwicklung im Planungszeitpunkt, so dass eine Abweichung zwischen prognostiziertem und realisiertem Zinssatz eintritt

Zinsänderungsrisiko (ZÄR)

Bestandteile des Zinsmanagement

(1) Definition der Zinsänderungsrisiken

(2) Messung der Zinsänderungsrisiken

(3) Festlegung der Sicherungsstrategie

(4) Steuerung von Zinsänderungsrisiken (Wahl der Instrumente)

(5) Definition von Verantwortlichkeiten

(6) Einsatz von IT-Werkzeugen zur Risikomessung und Performance-Verfolgung

(7) Information und Reporting zur Kontrolle des Zinsmanagements

Messung von Zinsänderungsrisiken

Kurzfristig

Langfristig

Bewertungsmaßstab für Zinsänderungsrisiko:
- Zinssaldo
- Marktwert

Fragestellung:
- Wie beeinflusst eine Änderung des Zinsniveaus den Zinssaldo?
- Wie verändert sich der Wert des Vermögens durch eine Änderung des Zinsniveaus?

Methoden zur Erfassung des Zinsänderungsrisikos:
- GAP-Analyse
- Zinselastizitätsbilanz
- Simulation Zinssaldo
- Duration-Analyse
- Simulation des Marktwertes

Instrumente des Zinsmanagements im Überblick

Bilanz	Aktiva				Passiva			
Zinssatz	kurzfristig variabler Satz		langfristig Festsatz		kurzfristig variabler Satz		langfristig Festsatz	
Zinsrisiko	fallende Zinsen		steigende Zinsen		steigende Zinsen		fallende Zinsen	
Entscheidung Hedging	in Festsatz wechseln/Duration verlängern →		in variablen Satz wechseln/Duration verkürzen →		in Festsatz wechseln/Duration verlängern →		in variablen Satz wechseln/Duration verkürzen →	
Zinsmanagement-Instrument	Future	kaufen		verkaufen		verkaufen		kaufen
	FRA	verkaufen		kaufen		kaufen		verkaufen
	Swap	variabel zahlen Festsatz erhalten		Festsatz zahlen variabel erhalten		Festsatz zahlen variabel erhalten		variabel zahlen Festsatz erhalten
	Cap	verkaufen		kaufen		kaufen		verkaufen
	Floor	kaufen		verkaufen		verkaufen		kaufen
G.u.V.-Wirkung	erhöhte Erträge auf Aktiva				verminderte Finanzierungskosten			

(Quelle: Breit/Reinhart 1998, S. 40)

Zinsrisikomanagement 6.4

Forward Rate Agreement (FRA)

Ausgangssituation: • Geplant ist in den nächsten Monaten eine kurzfristige Anlage zu variablen Konditionen

Zielsetzung:
- Sichere Kalkulationsbasis
- Ausschluss des Risikos fallender Geldmarktzinsen

Abschluss eines FRA:
- Anleger verkauft einen FRA, bei dem ein fester Zinssatz für einen bestimmten Kapitalbetrag vereinbart wird. Start zu einem festgelegten Termin für eine bestimmte Laufzeit.
- Beidseitig verpflichtendes Geschäft
- Der Verkäufer des FRA erhält am Ende der Vorlaufzeit die Differenz der beiden Zinssätze, wenn der aktuelle Referenzzinssatz unter dem FRA-Satz liegt bzw. zahlt die Differenz, wenn er darüber liegt

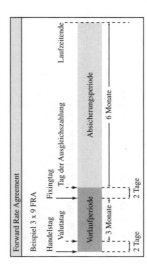

Chance:
- Ausschluss des Zinsänderungsrisikos
- Verpflichtungen aus dem FRA-Geschäft können jederzeit neutralisiert werden

Risiko: • Steigender Geldmarktzins

391

Zinsrisikomanagement 6.4

Forward-Zins-Swap

Ausgangssituation: • In Zukunft besteht Anlagebedarf

Zielsetzung:
- Das ZÄR (Zinssätze im Anlagezeitpunkt liegen unter aktuellem Zinsniveau) soll vermieden werden
- Sicherung des derzeitigen Zinsniveaus für den Planungszeitraum

Abschluss eines
Forward-Zins-Swap:
- Die Zinssicherung beginnt zu einem späteren Zeitpunkt
- Während der Zinssicherung wird der variable Zinssatz gegen einen vorher fest vereinbarten Zinssatz (Swapsatz) getauscht

```
Forwardswap – Anleger – Festsatzempfänger

| Vorlaufzeit | Geplanter Absicherungszeitraum |

                              Swap-Festsatz
                              variabler Zinssatz
                     Kunde  ───────────────  Bank
                        ↑
                        │ variabler Zinssatz
                        │ ./. Marge
                        │
                   variabel verzinsliche
                        Anlage
```

Chance:
- Absicherung gegen fallende Zinsen bis Ende der Anlagelaufzeit
- Feste Kalkulationsbasis

Risiko: • Das Zinsniveau am Rentenmarkt verändert sich nach oben

Zins-Swap

Ausgangssituation:
- Vorhandene Anlagen, die variabel verzinst werden
- Erwartung fallender Geldmarktzinsen

Zielsetzung:
- Sicherung der (hohen) Zinsen für weitere Perioden

Abschluss eines Zins-Swap als Festsatzempfänger:
- Vertragliche Vereinbarung über den Austausch von Zinszahlungen
- Tausch des variablen Zinssatzes gegen einen festen Zinssatz (i.d.R. den aktuellen Swapsatz)
- Die Bank zahlt einen Festzinssatz für die vereinbarte Laufzeit
- Im Gegenzug Zahlung des variablen Referenzzinssatzes
- Die gegenseitigen Zinszahlungen erfolgen zu festgelegten Terminen

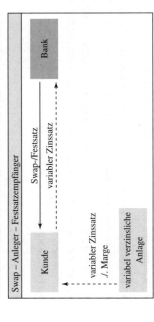

Chance:
- Konstante Zinszahlungen trotz fallender Zinsen am Geldmarkt

Risiko:
- Veränderung des Zinsniveaus nach oben

Zins-Cap (1)

Zinsrisikomanagement 6.4

Ausgangssituation:
- Kredite sind kurzfristig und variabel finanziert

Zielsetzung:
- Bei sinkenden Zinsen Reduzierung der Finanzierungskosten
- Vermeidung des Zinsänderungsrisikos in Form von steigenden Zinsen

Abschluss eines Zins-Cap:
- Sicherung eines Maximalzinssatzes für einen bestimmten Zeitraum
- Erhalt einer Ausgleichszahlung immer dann, wenn der Referenzzinssatz (z.B. 6-Monats-Euribor) über der vereinbarten Zinsobergrenze (Cap) liegt
- Entrichtung einer einmaligen Cap-Prämie

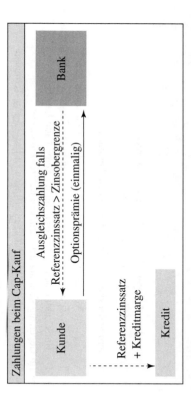

Zahlungen beim Cap-Kauf

Zins-Cap (2)

Szenarien:
- Der Referenzzinssatz liegt unter der Zinsobergrenze, so erfolgt keine Ausgleichszahlung (Szenario 1)
- Der Referenzzinssatz liegt über der Zinsobergrenze, so erfolgt eine Ausgleichszahlung (Szenario 2)

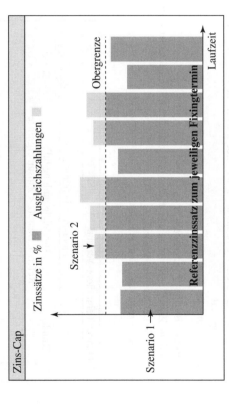

Chancen:
- Garantierte Zinsobergrenze (Versicherungsgedanke)
- Partizipation an gleich bleibenden oder fallenden Zinsen
- Cap kann während der Laufzeit jederzeit zu aktuellen Konditionen verkauft werden
- Die Höhe der Absicherung kann an saisonal schwankenden Finanzierungsbedarf angepasst werden

Risiko:
- Zu zahlende Cap-Prämie

Zins-Floor (1)

Ausgangssituation: Kurzfristige und variable Finanzierung des Kreditbedarfs

Zielsetzung:
- Zinserwartung: Gleichbleibende bzw. steigende Zinsen; die Wahrscheinlichkeit eines starken Zinsrückgangs wird als gering eingestuft
- Reduzierung der Kreditzinsen

Abschluss eines Zins-Floor:
- Verkauf einer festen Zinsuntergrenze
- Wird die Zinsuntergrenze an einem der vorab definierten Termine unterschritten, muss eine Ausgleichszahlung an den Floor-Käufer geleistet werden
- Im Gegenzug Erhalt einer Prämie

Zahlungen beim Floor-Verkauf

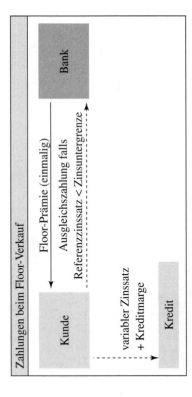

Zins-Floor (2)

Szenarien:
- Verpflichtung zu einer Ausgleichzahlung, sofern der Referenzzinssatz unter der Zinsuntergrenze liegt (Szenario 1)
- Vereinnahmung der Prämie, sofern der Referenzzinssatz über der Zinsuntergrenze liegt (Szenario 2)

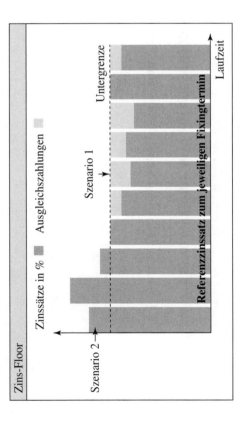

Chance:
- Vereinnahmung der Prämie

Risiko:
- Hohe Ausgleichszahlungen bei stark fallenden Zinsen

7 Finanzsysteme und -organisation

7.1 Prozesse: Financial Supply Chain Management

Financial Supply Chain Management (FSCM)

Financial Chain: Die Financial Chain umfasst alle anbieterseitigen handels- und transaktionsbezogenen Finanzprozesse im Rahmen einer Geschäftsabwicklung

Financial Supply Chain Management: Integrierter Ansatz, um für alle Cash-bezogenen Prozesse eine bessere Steuerung und höhere Transparenz zu gewährleisten

Ziele des FSCM:
– Bessere Planbarkeit des Cash-flow

– Reduzierung des working capital

– Kostensenkung

– Vollständige Integration der Geschäftsprozesse

Die generische Financial Supply Chain im Überblick

Geschäftsanbahnung

- **Qualifikation:** Überprüfung der Identität und Bonität des Kunden.
- **Finanzierung:** Finanzierung des Geschäfts durch Handelskredite, Leasing o.ä.
- **Preisfindung:** Preisverhandlungen und Auktionen zur Preisfestsetzung und anschließende Angebotserstellung.
- **Absicherung:** Absicherung von Währungsrisiken, Transportrisiken, Kreditausfallrisiken o.ä.

Fulfillment: Auslieferung des Produktes an den Kunden bzw. Erbringung der Dienstleistung.

Geschäftsabwicklung

- **Rechnungsstellung:** Erstellen und Versenden der Rechnung an den Kunden.
- **Rechnungsprüfung:** Prüfung der Rechnung auf formelle und sachliche Richtigkeit.
- **Reklamation:** Bearbeitung von Einwänden gegen Rechnungen.
- **Zahlung:** Zahlungseingang des Kunden und Abgleich mit gestellter Rechnung.

QUALIFIKATION
FINANZIERUNG
PREISFINDUNG
ABSICHERUNG
Fulfillment
RECHNUNGSSTELLUNG
PRÜFUNG
REKLAMATION
ZAHLUNG

Analyse

(Quelle: eFinance Lab 2003)

Optimierung im Cash Flow Cycle

Ansatzpunkte für die Reduzierung des Working Capitals ergeben sich aus einer Analyse des so genannten ‚Cash Flow Cycle' des operativen Geschäfts.

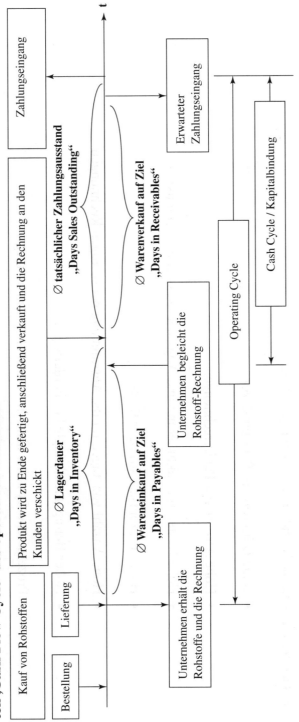

(vgl. Skiera/Pfaff 2003)

Indikatoren für eine ineffiziente Financial Supply Chain

- Hohe DSO (offene Tagesumsätze)
- Hohe Anzahl von Papierrechnungen
- Hohe Kosten für Fakturierung und Abgleich (Ressourcen, Zeit usw.)
- Hoher Prozentsatz strittiger Rechnungen
- Hohe Anzahl von Tagen für die Abstimmung bei strittigen Rechnungen
- Hoher Betrag uneinbringlicher Forderungen
- Prozesse und Systeme nicht mit Geschäftspartnern integriert
- Schwierige Prognose des Cashflows

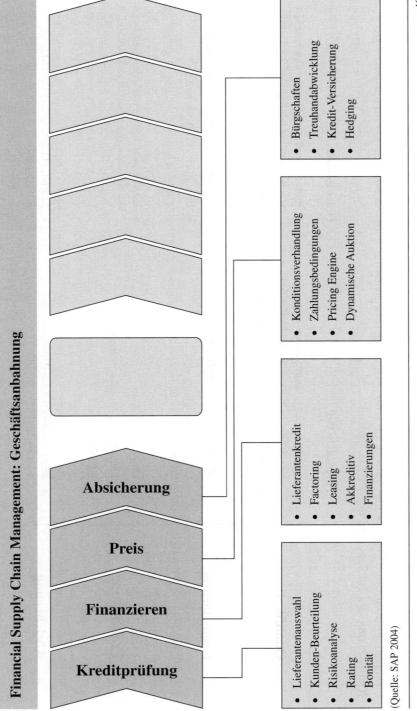

Geschäftsanbahnung: Prozessintegration, IT-Unterstützung und Nutzung aller verfügbaren Informationen zur Reduzierung des Risikos und der Prozesskosten

Purchase-to-Pay

- Anbindung der Einkaufssysteme der Marktplätze bzw. Systeme von Lieferanten
- Online-Authentifizierung der Lieferanten

- Unterstützung der Finanzierungsentscheidung durch die Liquiditätsplanung
- Online-Bereitstellung über Treasury-Portal

- On-line Auktionen
- Elektronische Ausschreibungen
- E-Procurement

- Zentrales IT-gestütztes Risiko-Managementsystem

Order-to-Cash

- Prüfung der Bonität bzw. Kreditwürdigkeit von Kunden durch Integration von Daten externer Auskunfteien

- Kompletter und vollständiger Überblick über die Kundenbeziehung im CRM-System
- Einheitliche Kundennummer

- Kundenindividuelle Preisfindung auf Basis der Kundenvereinbarungen und -historie

- Zentrales IT-gestütztes Risiko-Managementsystem

Qualifikation

Finanzierung

Preisfindung

Absicherung

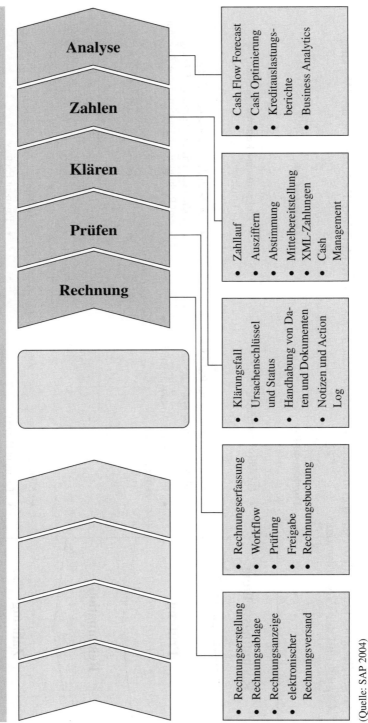

Geschäftsabwicklung: Prozessintegration und elektronische Prozessabwicklung zur Reduzierung des Working Capital und der Prozesskosten

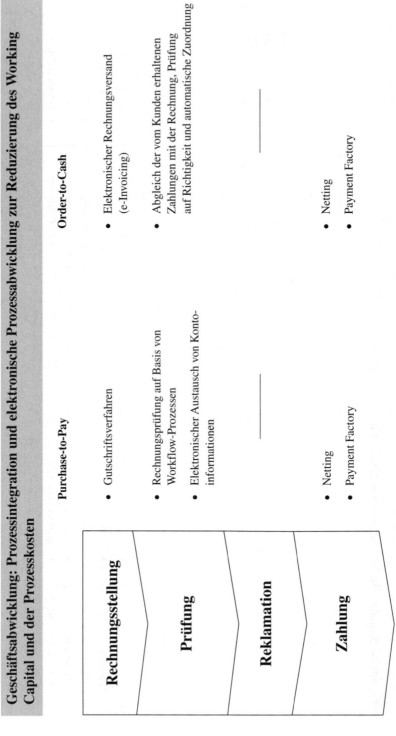

Dimensionen des Forderungsmanagements

- **Liquiditätsdimension** — Forderungen repräsentieren einen signifikanten Teil des Working Capital Zyklusses. Eine Optimierung ist notwendig, um Forderungsmanagement effektiv und effizient zu gestalten

- **Risikodimension** — Forderungen sind meistens die größte Kreditrisikoposition eines Industrie- und Handelsunternehmens. Erfahrungswerte belegen, dass jede vierte Insolvenz auf das schlechte Zahlungsverhalten der Kunden eines Unternehmens zurückzuführen ist

- **Wertdimension** — Abhängig von gegebenen Umständen können Forderungen einen wertvollen Vermögensgegenstand darstellen. Forderungen können als Sicherheit für Kreditlinien oder Darlehen dienen und/oder durch eine Verbriefungstransaktion verkauft werden

Prozesse: Financial Supply Chain Management 7.1

Fallbeispiel: Forderungsmanagement bei Bayer Business Services

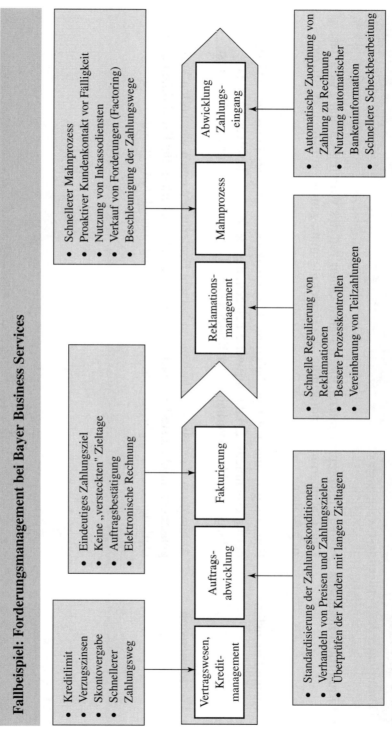

(Quelle: Bearing Point 2004)

Fallbeispiel: Einheitliche Kundennummer als Voraussetzung für Kreditmanagement bei Siemens

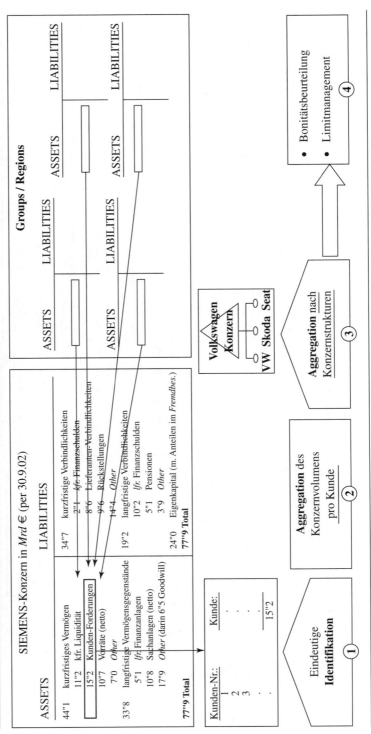

Prozesse: Financial Supply Chain Management 7.1

Werttreiberbaum zur Steuerung des Forderungsmanagements

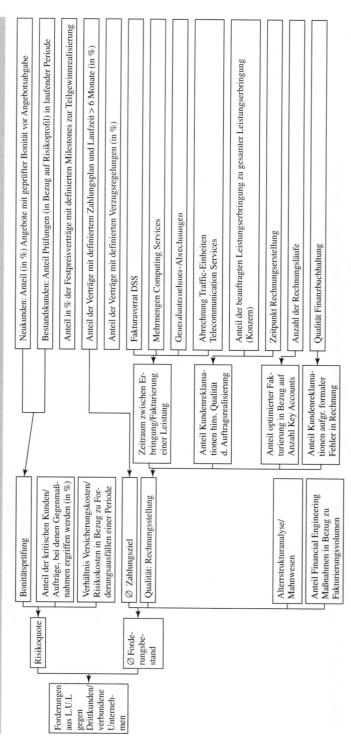

(Quelle: Hardt/Rindler 2003, S. 277)

7.2 Treasury Management Systeme

Funktionsumfang von Treasury Management Systemen (1)

Darlehensgeschäft

Abwicklung und Verwaltung von

- Darlehen
- Konsortialdarlehen
- Schuldscheindarlehen
- Hypothekendarlehen
- Zugesagte Kreditlinien (inkl. deren Ausnutzung)

Geldmarktgeschäft

- Bereitstellung von Marktdaten
- Anlage und Aufnahme von
  - Tagesgeld
  - Termingeld

Emissionsgeschäft

Abwicklung und Verwaltung von

- Commercial Paper Programmen
- Corporate Bonds/MTN
- Wandelanleihen

Leasinggeschäft

- Finance Leasing
- Operate Leasing

Cash-Management

- Bereitstellung aktueller Kontoinformationen
- Automatisierung und Unterstützung der Prozesse im internen Liquiditätsausgleich
- Kurzfristige Liquiditätsplanung
- Interne Zinsverrechnung
- Zahlungsverkehr

Fremdwährungsgeschäft

- Bereitstellung von Marktdaten
- Abwicklung und Verwaltung aller internen und externen Fremdwährungsgeschäfte
- Elektronische Handelsplattform
- Limitverwaltung
- Exposureermittlung

Funktionsumfang von Treasury Management Systemen (2)

Zinsderivategeschäft

- Zins-/Zinswährungsswaps
- Caps/Floors/FRA's
- Swapoptions
- Strukturierte Geschäfte
- Exposureermittlung

Konzerninterne Finanzgeschäfte

- Abwicklung und Verwaltung von konzerninternen Finanzgeschäften, z.B. Konzernfinanzierungen
- Von der Eingabe der Geschäfte bis hin zur Zahlung und Verbuchung

Verpflichtungserklärungen/Sicherheiten

- Operative Abwicklung der Stellung bzw. Gewährung von
  - Bürgschaften
  - Garantien
  - Patronatserklärungen
  - Negativ-/Positiverklärungen
  - Covenants
  - Grundschulden
  - Hypotheken
  - Verpfändung

Risikomanagement

- Limitüberwachung
- Real-time-pricing und Bewertung der Finanzgeschäfte
- Hedge-Relations
- Simulation
- Value at Risk/Cash-flow at Risk-Ermittlung
- Haftungsverhältnisse

Asset Management

- Anleihenmanagement
- Zertifikatemanagement
- Aktienmanagement
- Performance-Berechnung

Berichtswesen

- Berichte und Analysen über Finanzstatus, Bankumsätze, Transaktionen
- Fälligkeits- und Bestandslisten
- Ergebnisberichte zum Währungsmanagement
- Ergebnisberichte zum Zinsmanagement
- Ergebnisberichte zum Asset Management
- Risikomanagement-Berichte

Funktionsumfang von Treasury Management (3)

Schnittstellen zum ERP-System

- Unterstützung der relevanten Back-Office-Funktionalitäten (Transaktionsfreigabe, Bestätigung, Zahlung, Kontenabgleich)
- Automatische Erzeugung der Buchungssätze (Zahlungen, Abgrenzungen, Bewertungen)

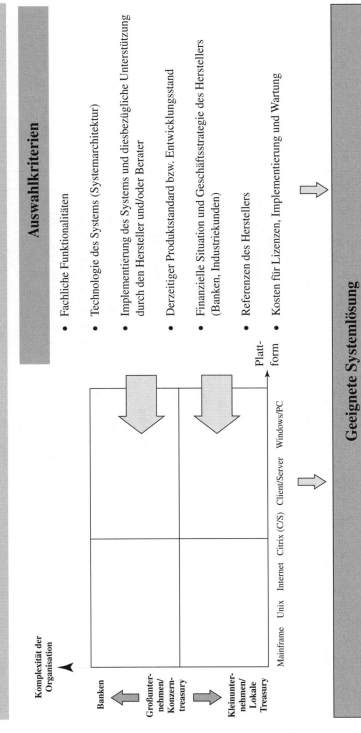

Treasury Management Systeme 7.2

Treasury Management Systeme 7.2

Fallbeispiel: Auswahl und Implementierung eines integrierten Treasury-Systems bei einem Energiekonzern

Ausgangssituation

- Umstellung von dezentralem auf zentrales Finanzmanagement (inhouse bank)
- Kein integriertes Treasury-System im Einsatz
- Insellösungen für verschiedene Aufgaben

Projektzielsetzung

- Auswahl und Implementierung eines integrierten Treasury-Systems mit den Funktionen
  - Cash Flow Planung (kurz-/mittel-/langfristig)
  - Cash Management (Disposition, Zahlungsverkehr etc.)
  - Risk Management (Front-/Middle-/Back-Office)
  - Asset Management
  - Schnittstellen zu Finanzbuchhaltung etc.

Projektschritte in der Auswahlphase

- Projektstart April 2002
- Entscheidung über Beratereinsatz
- Erstellung und Aussendung des Anforderungsprofils
- Rücklauf und Auswertung
- Workshops mit den Systemanbietern (short list)
- Workshop mit den 2 Finalisten und Endauswahl
- Entscheidung August 2002

Implementierung

- Abschluss der Vertragsverhandlungen
- Start der Implementierungsphase September 2002
- Abschluss der Implementierung Juli 2003

(Quelle: Heischkamp/Schulze 2003)

Fallbeispiel: Anforderungen an das Treasury-System und Gewichtung der einzelnen Kategorien

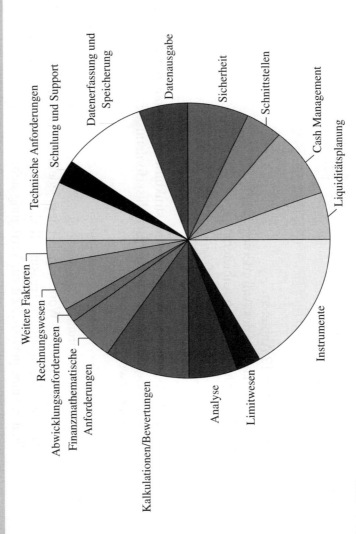

(Quelle: Heischkamp/Schulze 2003)

Fallbeispiel: Vom Anforderungsprofil zur Entscheidung

– Longlist mit 12 Anbietern
– Bewertung anhand des Anforderungsprofils
– Ergebnis: Shortlist mit 6 Anbietern

– Erste Workshoprunde auf Basis einer strukturierten Agenda mit vorgegebenen typischen Geschäftsvorfällen und Berichtserfordernissen
– Ergebnis: Zwei Finalisten

– Zweite Workshoprunde
– Ganztägiger Parallel-Workshop, bei dem jedem involvierten Fachbereich (IT, Asset Management, Treasury, Risk Management, Accounting, Corporate Finance) eine gewisse Zeit zur Verfügung steht
→ Entscheidung

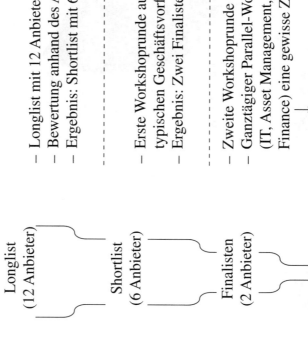

Longlist (12 Anbieter)
Shortlist (6 Anbieter)
Finalisten (2 Anbieter)
Sieger

(Quelle: Heischkamp/Schulze 2003)

Erfolgsfaktoren bei der Einführung von Treasury Management Systemen (1)

Exakte Definition des Projektumfangs	• Schnittstellen • Funktionsbereiche (Cash Management, Corporate Finance, Risikomanagement) • Berichtswesen • Bewertungen • Rechnungswesenanforderungen (HGB, IFRS, etc.) • Anbindung von Tochtergesellschaften
Interne Kapazitäten prüfen	• Mindestens 2 bis 3 Personen müssen auf der Unternehmensseite nahezu permanent zur Verfügung stehen • Urlaube und Quartals- bzw. Jahresabschlussarbeiten etc. in die Projektschiene einplanen • Zeitplanung realistisch vornehmen → großer Zeitdruck kann zu Fehlern bei der Parametrisierung führen • Rechtzeitig auf personelle Engpässe reagieren, um die Gesamtplanung nicht zu gefährden
Systemanbieter kritisch prüfen	• Wie viele vergleichbare Projekte wurden bereits abgewickelt? • Fachliche Qualifikation der Personen in Bezug auf Treasury? • Was ist die Projektsprache? • Vertragliche Zusicherung der externen Kapazität • Vermeidung von personellen Änderungen während der Implementierungsphase

Erfolgsfaktoren bei der Einführung von Treasury Management Systemen (2)

Straffes Projektmanagement	• Vertragliche Basis, in der der Implementierungsumfang klar beschrieben und definiert ist • PDD (Projekt Definition Document) Dokument, in dem die Projektorganisation, die Verantwortlichkeiten aller Beteiligten, die einzelnen Projektphasen sowie das Projektmanagement festgelegt sind • CDD (Configuration Description Document) Dokument, in dem die Systemeinstellungen im Rahmen der Parametrisierung festgehalten werden
Einbindung interne Revision und WP	• Prüfung des User- und Berechtigungskonzeptes (Wer darf was im System?) • Einhaltung eines durchgängigen Front-/Back-/Middle-Office Prinzips • Prüfung des „Transaction flow" bis hin zur Buchung • Autorisierungsprüfung im Zahlungsverkehr (geschlossene Bank- und Kontenkreise)

(Quelle: Heischkamp/Schulze 2003)

7.3 Finanzorganisation

Finanzorganisation 7.3

Finanzorganisation: Mögliche Rollenverteilung zwischen Zentrale und Geschäftsbereichen (1)

Kernaufgaben Corporate Finance	Zentrale	Geschäftsbereich/ Tochtergesellschaft
Finanzierung	• Erarbeitung Finanzierungsstrategie • Erstellung Finanzplanung (Konzern) • Aufnahme/Rückzahlung Darlehen • Bankenpolitik	• Aufnahme von Darlehen in Einzelfällen in zentral definierten Limits • Planung Finanzierungsbedarf (Planung Ein-/Auszahlungen) • Erstellung Finanzplan je Gesellschaft (insb. Investitionsplanung)
Cash-Management	• Erstellung Konzernliquiditätsplanung • Erstellung Cash-Salden • Koordination konzerninterner Liquiditätsausgleich (Netting) • Anlage und Aufnahme Liquidität • Erstellung Richtlinien regionales Cash-Pooling	• Erstellung Liquiditätsplanung (Disposition für operatives Geschäft) • Abwicklung Zahlungsverkehr • Verantwortung regionales Cash-Pooling wenn Führungsgesellschaft in Region
Währungs- und Zinsabsicherung	• Erarbeitung Sicherungsstrategie • Währungsausgleich innerhalb Konzern • Abschluss Devisen- und Zinsabsicherungsverträge	• Planung Währungsabhängigkeiten • Absicherung (über Treasury) Währungs- und Zinsrisiken
Bürgschaften und Bonitätsrisiken	• Stellung Bürgschaften für Konzerngesellschaften • Management von Bonitätsrisiken	• Stellung Bürgschaften in Einzelfällen mit Genehmigung der Zentrale

422

Finanzorganisation: Mögliche Rollenverteilung zwischen Zentrale und Geschäftsbereichen (2)

Kernaufgaben Corporate Finance	Zentrale	Geschäftsbereich/ Tochtergesellschaft
Asset Management	• Entwicklung Anlagestrategie • Kapitalanlagen • Steuerung Asset Manager/ Spezialfonds	• Planung erforderliche und verfügbare Mittel • U.U. Mitwirkung bei Anlagepolitik/ -Kontrolle
Finanzkommunikation	• Investor Relations • Creditor Relations • Finanzinformationen, Rating	• Informationsbereitstellung • Konsistente eigene Informationspolitik

Der Finanzbereich der großen deutschen Unternehmen ist überwiegend als Service Center oder als Cost Center organisiert

	Charakteristika	Anteil bei börsennotierten Unternehmen
Service Center	• Erfüllung definierter Aufgaben • Weder Erwartung eines Gewinnbeitrags noch exakte Vorgabe der Höhe der Kosten (z.B. Zinskosten, Kurssicherungskosten)	43 %
Cost Center	• Keine Gewinnerwartung • Aber: Die gestellten Aufgaben müssen unter Einhaltung budgetierter Kostenvorgaben erfüllt werden	42 %
Profit Center	• Neben der Aufgabenerfüllung Erwartung eines eigenständigen, budgetierten Beitrags zum Unternehmensgewinn	14 %

n = 74 Unternehmen; durchschnittl. Jahresumsatz 1996; 6 Mrd. Euro,

(vgl. PWC 2000, S. 24 f.)

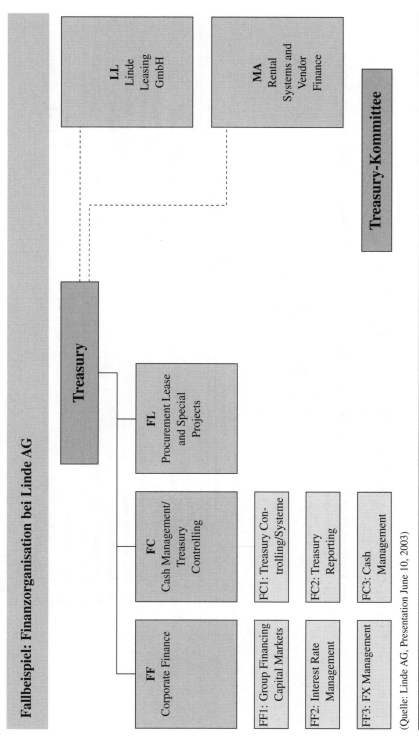

Finanzorganisation 7.3

Fallbeispiel: Treasury-Organisation der Porsche Holding GmbH, Salzburg

Die drei Kerngeschäftsfelder der Porsche Holding sind Groß- und Einzelhandel für Autos sowie Finanz-Dienstleistungen (Umsatz ca. 5,6 Mrd. Euro)

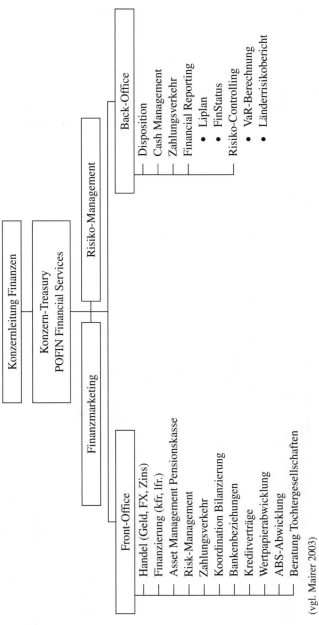

Konzernleitung Finanzen

Konzern-Treasury
POFIN Financial Services

Finanzmarketing — Risiko-Management

Front-Office
- Handel (Geld, FX, Zins)
- Finanzierung (kfr, lfr.)
- Asset Management Pensionskasse
- Risk-Management
- Zahlungsverkehr
- Koordination Bilanzierung
- Bankenbeziehungen
- Kreditverträge
- Wertpapierabwicklung
- ABS-Abwicklung
- Beratung Tochtergesellschaften

Back-Office
- Disposition
- Cash Management
- Zahlungsverkehr
- Financial Reporting
  - Liplan
  - FinStatus
- Risiko-Controlling
  - VaR-Berechnung
  - Länderrisikobericht

(vgl. Mairer 2003)

Fallbeispiel: Aufgaben des zentralen Finanzmanagements bei Franz Haniel & Cie. GmbH

Liquiditäts- und Kreditmanagement

- Euro- und Währungsclearing inklusive Finanzierung der Unternehmensbereiche auf Basis von Clearingvereinbarungen
- Verhandeln von Kreditverträgen; Analyse und Strukturierung von Finanzierungen (einschließlich Leasing); Betreuung der Unternehmensbereiche bei in- und ausländischen Finanzierungsverträgen

Zins- und Währungsmanagement

- Abschluss und Monitoring von Zins- und Fremdwährungssicherungsgeschäften
- Betreuung der Unternehmensbereiche im Zins- und Währungsmanagement, zum Beispiel bei der Festlegung einer optimalen Sicherungsquote

Exposure Management

- Genehmigung und Monitoring der im Konzern abgegebenen Haftungserklärungen; regelmäßige Berichterstattung über Eventualverbindlichkeiten
- Erfassung, Monitoring und regelmäßige Berichterstattung von Risikopositionen des Konzerns im Zins- und Währungsbereich
- Festlegen von Kreditgrenzen für die Unternehmensbereiche; Monitoring der Verschuldung der Unternehmensbereiche und deren strategischer Geschäftseinheiten
- Optimierung und Überwachung der Zinskosten der Unternehmensbereiche sowie der Holding

Finanzcontrolling

- Täglicher Liquiditätsstatus für den gesamten Konzern
- Wöchentlicher Finanzstatus für den gesamten Konzern
- Monatlicher Bericht über die Marktwerte aller Derivatepositionen im Konzern

Finanzplanung

- Rollierende Ermittlung des Finanzbedarfs und der Kreditlinienerfordernisse
- Fixierung und Fortschreibung der Finanzcovenants auf Holding- und Konzernebene
- Erstellung und Überwachung des kurz- und langfristigen Zinsbudgets von Franz Haniel & Cie. GmbH

(Quelle: Keller 2004, S. 144)

Fallbeispiel: Siemens Financial Services: Gründung und Auftrag

Gründung der Siemens Financial Services:
- Als Bereich der Siemens AG: Oktober 1997
- Als Bereich mit eigener Rechtsform (GmbH): April 2000

Auftrag:
- Ausgliederung der operativen Tätigkeiten aus der Zentralabteilung Corporate Finance
  - Stärkung der Konzernfinanzierung
  - Ausbau Absatzfinanzierung
- Ausbau als Kompetenzcenter für Finanzierungsthemen und die Finanzrisiken des Konzerns
- Klare Ausrichtung der Finanzlösungen am Bedarf von Industrieunternehmen

Mitarbeiter: ca. 1.500

Finanzorganisation 7.3

Fallbeispiel: Siemens Financial Services GmbH ist in sechs Geschäftsgebiete organisiert

Siemens Financial Services

	Equipment & Sales Financing (ESF)	Structured Finance (SF)	Equity (EQ)	Investment Management (IM)	Treasury & Financing Services (TFS)	Insurance (INS)
Kapitalintensives Geschäft	○		○			
Dienstleistungen		○		○	○	○
Aktivität	– Leasing und Forderungsmanagement	– Projekt- und Exportfinanzierung – Verbriefung	– Eigenkapitalbeteiligungen an Infrastrukturprojekten	– Pension Asset Management und Beratung	– „In-house bank" für Siemens – Consulting & Applications	– Consulting & Brokerage – Private Finance
Kennzahlen*	– Bilanzsumme 7,9 Mrd. €	– 700 Projekte – Auftragswert 40 Mrd. €	– Bilanzsumme 379 Mio. €	– Verwaltetes Fondsvermögen 13,4 Mrd. €	– Transaktionen 129 Mrd. € p.a.	– Prämienvolumen rd. 470 Mio. €

*) Stand 30. September 2003

8. Finanzmarketing

8.1 Aufgabenbereiche des Finanzmarketing

Finanzmarketing: Überblick

Definition Finanzmarketing: An den Bedürfnissen der Kapitalgeber orientierter, zielgerichteter Einsatz finanzpolitischer Instrumente zur Überwindung der zwischen Kapitalnachfrage und Kapitalangebot bestehenden Marktwiderstände (vgl. Süchting 1989)

Finanzpolitische Instrumente:
- Finanzmarktforschung
- Produktpolitik
- Preispolitik
- Vertriebspolitik
- Kommunikationspolitik

Aufgabenbereiche des Finanzmarketings von Unternehmungen

Aufgabenbereiche des Finanzmarketings von Unternehmungen

Finanzmarktforschung	Finanzmarketingpolitische Instrumente
Erhebung, Analyse und Prognose des/der	*Formulierung, Implementierung, Steuerung von*

- Kapitalgeberverhaltens und seiner Determinanten
- wirtschaftspolitisch relevanter Daten und deren Restriktionen
- Finanzmarktdaten
- Wettbewerberverhaltens und seiner Determinanten
- Beschaffungsnotwendigkeiten

sowie

Kontrolle des Finanzmarketings

Kapitalproduktpolitik — Preis- und Kontrahierungspolitik — Kapitalbezugswegepolitik — Kommunikationspolitik

im Finanzmarketingmix

(vgl. Becker 1994, S. 302)

8.2 Bankenpolitik

Geschäftsspezifische Anforderungen von Unternehmen an Banken

- Kreditgeschäft
  - Maximales Kreditvolumen
  - Fristigkeit
  - Konditionengestaltung
  - Unterlegung mit Sicherheiten
  - Leichtigkeit der Kreditgewährung
  - Beratung
  - Innovatives Maßschneidern von Krediten (Financial engineering)
- Zahlungsverkehr
  - Konditionengestaltung
  - Wertstellung bzw. Schnelligkeit des Zahlungsverkehrs
  - Cash-Management-Systeme
  - Anzahl der Zahlstellen mit langen Öffnungszeiten
- Terminanlagen
  - Sicherheit
  - Verzinsung der Anlagen
- An- und Verkauf von Effekten
  - Provisionen/Gebühren
  - Beratung
  - Sorgfalt bei Transport, Verwahrung und Verwaltung
  - Vermögensverwaltung für Pensionsfonds/ Verwaltung von Wertpapierspezialfonds
- Auslandsgeschäft
  - Konditionen
  - Finanzierungen mit unterschiedlicher Fristigkeit
  - Devisengeschäft
  - Informationen und Beratung
  - Korrespondenzbanken
  - Übernahme von Risiken
  - Kreativität
- Kapitalmarktgeschäft
  - Börsengang (IPO)
  - Emission von Schuldverschreibungen

Fallbeispiel: Geschäftsspezifische Anforderungen eines exportintensiven Anlagenbauunternehmens

Unternehmensfunktion	Bankleistungsbedarf
Beschaffung	• Zahlungsverkehr
Produktion	• Investitionskredite • Leasing
Absatz • Ausland	• Kreditversorgung von Auslandstöchtern • Übernahme von Einzel- und Länderrisiken u.a. durch Bürgschaften • Markt- und Länderinformationen • Flexibilität
+ Anlagenexport	• Bestellerkredite • Projektfinanzierungen • Versicherungen der politischen und wirtschaftlichen Risiken • Präsenz im Absatzland • Zugang zu staatlichen Exportkrediten • Kreativität und Risikobereitschaft bei Devisenbestimmungen und politischen Unsicherheiten im Absatzland • Vielzahl von Informationen zu Währungsfragen • Devisentermingeschäfte • Nicht-standardisierte Devisenoptionen
• Inland	• Absatzfinanzierung
Finanzorganisation	• Zentrale Gelddisposition für das Inland • Zentrale Absicherung der Währungsrisiken
Management	• Nutzung auch von neuen Finanzierungsinstrumenten
Allgemeine Anforderungen	• Schnelligkeit und Flexibilität, direkter Zugang zu Entscheidungsträgern in der Bank, Konditionengestaltung, Risikobereitschaft, Innovationsfähigkeit bzw. Kreativität, Ruf der Bank

Fallbeispiel: Geschäftsspezifische Anforderungen eines international tätigen Unternehmens mit geringem Exportanteil

Unternehmensfunktion	Bankleistungsbedarf
Beschaffung	• Abwicklung des Zahlungsverkehrs
Produktion • anlagenintensive Produktion • umlaufintensive Produktion	• Kredite in Größenordnungen von rd. 30–50 Mio. Euro • Gelegentliche Nutzung von staatlichen Sonderkreditprogrammen • Mittelfristige roll-over-Kredite
Absatz: • Ausland	• Risikobereitschaft, insbesondere Übernahme von Länderrisiken • Bereitstellung von Länderinformationen • Korrespondenzbanken- und Niederlassungsnetz im Ausland für ausländische Konzernglieder
+ Anlagenexport	• Langfristige Bestellerkredite • Konsortialkredite mit großen Teilvolumina • Zugang zu staatlichen Exportkrediten
+ Handelsgeschäft	• Schnelligkeit bei der Abwicklung, deshalb langfristige Zusammenarbeit • Kurze Wege, deshalb regionale Vertreter mit ausreichenden Kompetenzen • Dokumentenakkreditivgeschäft • Devisentermingeschäfte und Devisenoptionen
• Inland	• Vermittlung von Leasing als Absatzförderung
Finanzorganisation	• Zentrale Cash-Management-Systeme • Zentrales Aushandeln von Linien und Konditionen
Management	• Vermeidung von Abhängigkeiten
Allgemeine Anforderungen	• Flexibilität, Schnelligkeit, Konditionengestaltung, Risikobereitschaft, Problemlösungsfähigkeit, Dauerverbindung, fachliche Qualifikation der Repräsentanten, Auslandspräsenz, gutes Image (u.a. für die Nutzung von Projektfinanzierungen)

Konzept der Haus-, Haupt- und Nebenbankverbindung

Hausbank:
- (Langjährige) Geschäftsbeziehung zwischen einem Unternehmen und einer Bank, „in deren Zusammenhang mehrere Transaktionen abgewickelt und vertrauliche Firmeninformationen an die betreuende Bank weitergeleitet bzw. von dieser aufbereitet werden" (Hammel/Schneider 2004, S. 578)
- Bank, mit der ein größeres Geschäftsvolumen als mit jeder anderen Bankverbindung abgewickelt wird
- Zu der Hausbank bestehen dauerhafte, vertrauensvolle, d.h. vom gegenseitigen Verständnis geprägte Beziehungen
- Von ihr ist eine qualifizierte Beratung sowie insbesondere die notwendige Kreditversorgung auch in für die Unternehmung schwierigen Zeiten am ehesten zu erwarten
- Der Wechsel einer Hausbankverbindung ist ein außergewöhnliches Ereignis und dementsprechend selten
- Gemäß dieser Beschreibung ist die Hausbank eine Universalbank
- Abbau von Informationsasymmetrien zwischen kreditgebender Bank und Kunde
- → die Bank erzielt Lerneffekte durch wiederholte Interaktionen und wird zunehmend mit der Finanz- und Geschäftslage des betreffenden Unternehmens vertraut

Hauptbankverbindung:
- Bank, mit der ständig mehrere Arten von Bankgeschäften abgewickelt werden, deren Volumina aus Sicht der Unternehmung bedeutend sind
- Es wird auf eine ungefähr gleichgewichtige Verteilung solcher Geschäfte auf eine ggf. bestehende Mehrzahl von Hauptbankverbindungen geachtet, es sei denn, es besteht eine Hausbank als dominierende Hauptbankverbindung

Nebenbankverbindung:
- Kreditinstitut, das fallweise in einigen Sparten beansprucht wird, mit dem ggf. auch nur bestimmte Bankgeschäfte abgewickelt werden
- Nebenbanken sind häufig Spezialbanken

Beurteilung der Hausbankbeziehung

Mögliche Vorteile

- Vorteilhafte Kreditkonditionen
- Flexiblere Vertragsgestaltung
- Bessere Unterstützung in Krisenzeiten
- Weitergabe von Firmeninterna lediglich an die Hausbank

Mögliche Nachteile

- Mit der Intensität steigende Abhängigkeit von der Hausbank („Hold-up"-Problematik)
- Begünstigung des Einsatzes von bankseitig angebotenen Produkten

8.3 Ziele und Grundsätze der Finanzkommunikation

These: Durch eine bedarfsgerechte Unternehmensberichterstattung lässt sich der informationsbedingte Risikozuschlag auf die Kapitalkosten reduzieren

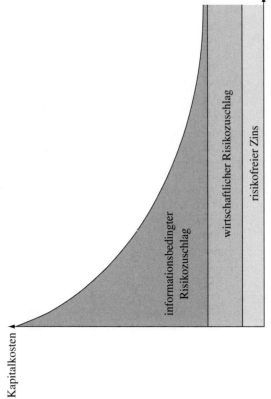

Publizität und Kapitalkosten

Ziele und Grundsätze der Finanzkommunikation 8.3

Interne Wertgenerierung, externe Wertkommunikation und Shareholder-value-Bildung

Operative Wertschaffung

→ **Finanzwirtschaftliche Wertgenerierung**

→ **Unternehmenswertsteigerung**

→ *Wertkommunikation nach außen (Finanzpublizität)*

→ **Wertverteilung (Dividende, Kursgewinn etc.)**

→ **Shareholder Value**

intern — *extern*

Wichtige Problembereiche der internen und externen Wertbildung

| Konsequente Ausrichtung am Unternehmenswert als zentrale Finanzzielgröße | Messbarkeit des Unternehmenswertes und des Wertsteigerungsbeitrags | Kommunizier- und Publizierbarkeit der betrieblichen Wertschaffung | Externe Erwartungen und Niederschlag in der Marktbewertung |

(Quelle: Volkart o.J.)

Zielgruppen des Finanzmarketing

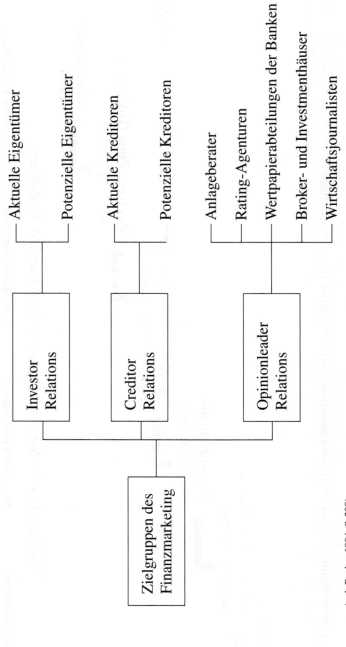

(vgl. Becker 1994, S. 299)

8.3 Ziele und Grundsätze der Finanzkommunikation

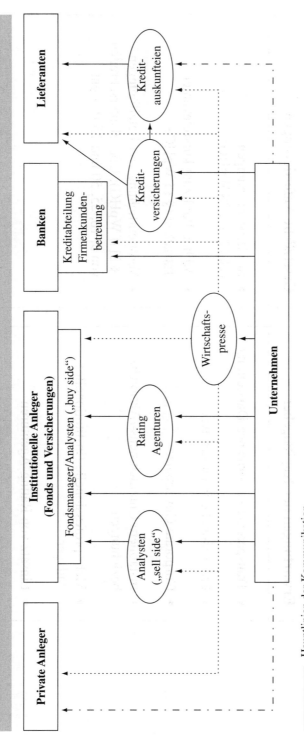

(Quelle: Verband Deutscher Treasurer 2002, S. 20)

Ziele und Grundsätze der Finanzkommunikation 8.3

Ständig steigende Anforderungen an den Finanzmärkten und durch den Gesetzgeber erfordern eine umfangreiche, professionelle Finanzkommunikation

Erwartungen der Kapitalgeber

- Transparente Performance-Darstellung
- Professionelle Finanzanalyse
- Corporate Governance
- Instabilere Unternehmens-/Aktionärsbeziehungen
- Mehr professionelle (institutionelle) Anleger
- Einsatz von Rating-Agenturen
- Basel II-Anforderungen

Gesetzliche Anforderungen

- Insiderbestimmungen (§§ 12–14, 38 WpHG)
- Ad hoc-Publizität kursrelevanter Tatsachen (§ 15 WpHG)
- Veröffentlichung von Beteiligungen (§ 21 ff WpHG): Über-/Unterschreiten von 5, 10, 25, 50 und 75 Prozent

Kapitalgeber und deren Erwartungen an die Finanzkommunikation

Kapitalgeber:	• Eigenkapitalgeber (Equity-Investoren)	• Fremdkapitalgeber (Credit-Investoren)
Erwartungen:	• Wachsende Free Cash-flows	• Stabile Cash-flows
	• Steigerung des Unternehmenswertes	• Begrenzung operativer Risiken
	• Steigende Dividenden	• Gutes Kredit-Rating
		• Solide Unternehmensfinanzierung
Mittler zwischen Unternehmen und Kapitalgebern:	• Equity-Analysten	• Credit-Analysten
		• Rating-Analysten bzw. Agenturen

Die Ad-hoc Veröffentlichungspflicht nach § 15 WpHG: Voraussetzung und Ziele

Voraussetzung der Veröffentlichungs-Pflicht (§ 15 Abs.1 WpHG):

Neue Tatsache
- im Tätigkeitsbereich des Emittenten eingetreten
- nicht öffentlich bekannt
- wegen der Auswirkungen auf die Vermögens- oder Finanzlage oder auf den allgemeinen Geschäftsverlauf geeignet, den Börsenpreis erheblich zu beeinflussen

Zielsetzung:
- Vermeidung von Insiderhandel durch Publizität
- Schnelle Information der Anleger über kursrelevante Informationen

Adressaten:

Emittenten von
- zugelassenen Wertpapieren (amtlicher und geregelter Markt)
- Schuldverschreibungen

Die Ad-hoc Veröffentlichungspflicht nach §15 WpHG: Verfahren und Befreiungen

Pflicht zur Veröffentlichung:
- unverzüglich, d.h. ohne schuldhaftes Zögern
- vollständig
- in der gesetzlich vorgeschriebenen Form
- vor der Ad hoc-Veröffentlichung darf keine Veröffentlichung in anderer Weise erfolgen (§ 15 Abs. 3 Satz 2 WpHG)

Veröffentlichungsverfahren:
- Vorabinformation an BAFin und Börsen (§ 15 Abs. 2 Satz 1 WpHG)
- Veröffentlichung über elektronisches Informationsverbreitungssystem oder Börsenpflichtblatt (§ 15 Abs. 3 Satz 1 WpHG)
- Übersendung der Veröffentlichung (§ 15 Abs. 4 WpHG)

Befreiungen:
- Auf Antrag durch das BAWe
- Eignung zur Beeinträchtigung berechtigter Interessen des Emittenten
- Interessenabwägung (Interesse des Emittenten – Interesse des Kapitalmarktes)

Elemente der Investor Marketing Strategie

- Zentrales Element des Investor Marketing ist die Equity Story. Diese übermittelt die Unternehmensstrategie und die Vorteile der Aktie an die potenziellen Investoren.
- Die Kernaussagen der Equity Story sollen die Anleger überzeugen und zum Kauf veranlassen.

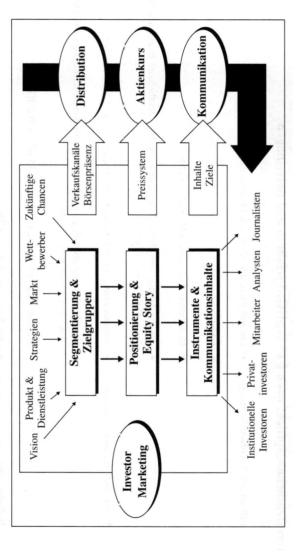

(Quelle: Ebel/Hofer 2002, S. 68)

Zielsystem der Kapitalmarktkommunikation

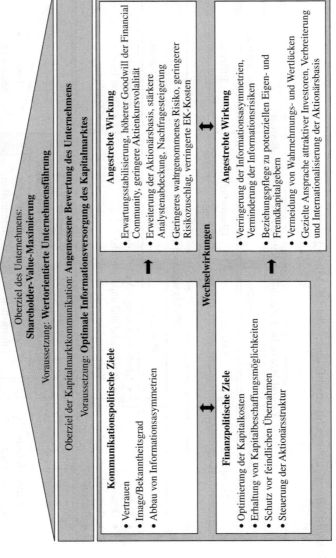

(Quelle: Bassen 2003)

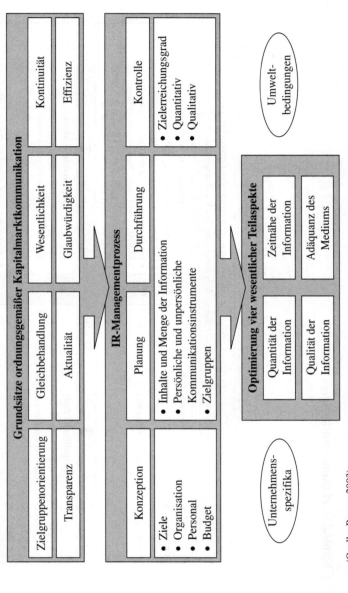

(Quelle: Bassen 2003)

8.4 Inhalte der Finanzkommunikation

Gesetzliche Bestimmungen zur Finanzmarktkommunikation

Aktiengesetz (AktG)

§ 20 Abs. 6	Pflichtanzeige des Anteilsbesitzes
§ 25	Art und Form der Unternehmenspublizität
§ 40	Pflichtanzeige über die Eintragung ins Handelsregister
§§ 42, 43	Pflichtanzeige über Zweigniederlassungen
§ 73 Abs. 2, § 26 Abs. 2	Pflichtanzeige über die Kraftloserklärung von Aktien
§ 106	Pflichtanzeige über Änderungen im Aufsichtsrat
§ 121 Abs. 3	Bekanntgabe der Hauptversammlung
§ 124	Hauptversammlung: Bekanntgabe der Tagesordnungspunkte, Wahl der Aufsichtsratmitglieder
§ 125	Hauptversammlung: Versand der Hauptversammlungsunterlagen
§ 126	Hauptversammlung: Aktionärsanträge
§ 190	Pflichtanzeige bei Kapitalerhöhungen
§ 196	Pflichtanzeige des Beschlusses einer bedingten Kapitalerhöhung

Börsengesetz (BörsG)

§ 36 Abs. 4, § 72 Abs. 2	Veröffentlichungspflichten bei der Zulassung zum Handel
§ 44b Abs. 1	Regelmäßige Unternehmenspublizität

Verkaufsprospektgesetz (VerkProsG)

§ 9 ff.	Veröffentlichungspflichten bei der Zulassung zum Handel

Wertpapierhandelsgesetz (WpHG)

§ 15	Ad-hoc-Mitteilungen, Insiderhandelsverbot
§§ 25, 26, 41	Mitteilungspflicht von Stimmrechtsbesitz an einer AG

Handelsgesetzbuch (HGB)

§ 325, § 328	Regelmäßige Unternehmenspublizität

Börsenzulassungsverordnung (BörsZulV)

§ 13 ff.	Veröffentlichungspflichten bei der Zulassung zum Handel
§§ 53 ff.	Regelmäßige Unternehmenspublizität
§ 63	Pflichtanzeige der Dividenden, Umtausch-, Bezugs- und Zeichnungsrechte
§ 63 Abs. 1	Bekanntmachung der Einberufung der Hauptversammlung
§ 66	Pflichtanzeige bei jeder Änderung der mit Wertpapieren verbundenen Rechte
§ 70	Art und Form der Unternehmenspublizität

Finanzkommunikation über das Internet am Beispiel der Inhalte für Fremdkapitalgeber

- Aktuelles Rating der führenden Agenturen inklusive Kurzkommentar (mit Datumsangabe)

- Tableau mit wichtigen Anleihen (Volumen, Währung, Emissionsdatum, Laufzeit, Fälligkeit, Kupon usw.)

- Informationen zu geplanten oder laufenden Platzierungen (z.B. Roadshowpräsentation)

- Informationen zu für das Unternehmen wichtigen Debt-Ratios und Kennziffern (z.B. Funds from Operations, EBITDA/Net Interest, Gesamtsumme ausgegebener Bonds, Maturity Profile, Nettofinanzposition usw.)

- Statements des Vorstands zu angestrebten Zielwerten bzw. zur weiteren Positionierung auf dem Fremdkapitalmarkt (insbesondere Aussagen über geplante größere Platzierungen)

Inhalte der Finanzkommunikation 8.4

Inhalte des Internetauftritts

Unternehmensinformation
- Wichtige Kennzahlen
- News/Pressemitteilungen
- Pressearchiv (3 Jahre)
- Finanzmeldungen (6 Monate)
- Download Geschäftsberichte
- Download Quartalsberichte
- Unternehmensziele/Strategie
- Newsletter
- Finanzkalender
- Frequently Asked Questions
- Conference Calls
- Aktuelle Präsentationen

Management und Organisation
- Vorstand
- Aufsichtsrat
- Transparenz der Organisationsstruktur
- Risikomanagementsystem
- Satzung zum Download

Kontakt
- Vorstellen IR-Team
- Kontaktadresse
- Kontakt-email
- Online-Bestellformular

Hauptversammlung
- Reden des Vorstands
- Tagesordnung/Anträge
- Ergebnisse zum Download

Aktie/Vergleichsindex
- WKN/Börsenkürze/ISIN
- Kursstellung/Veränderung zum Vortag
- Chart 3/6/12/24/36 Monate
- Vergleichsindex
- Chart & Vergleichsindex
- Marktkapitalisierung
- Marktkap. Streubesitz
- Aktionärsstruktur
- KGV zum Vortagsschlusskurs
- Branchen-KGV
- Dividende/Dividendenrendite
- Analysteneinschätzungen
- Analystenprognosen

Finanzschulden
- Rating kurzfristig
- Rating langfristig
- Fälligkeitenstruktur Finanzschulden
- Commercial Paper Programm
- Unternehmensanleihen

Inhalte von Analystenkonferenzen

Analystenkonferenzen sind Fachgespräche zwischen Emittenten und Analysten. Die DVFA empfiehlt folgende Inhalte:

Finanzdaten

- Gründe für die Entwicklung der Jahres-/Zwischenergebnisse anhand fundiert aufbereiteter Unternehmenszahlen
- Sachkompetente Erläuterungen der Veränderungen gegenüber den zuletzt veröffentlichten Finanzdaten

Aktuelle Wettbewerbs- und Branchensituation

- Ranking in der Branche: Heimatmarkt, Europa, USA, Asien, global
- Charakteristische Merkmale und Veränderungen der Branche
- Positionierung des Unternehmens gegenüber Mitbewerbern
- Kompetente Erläuterungen der Veränderungen gegenüber den zuletzt veröffentlichten Unternehmensinformationen zu diesem Bereich

Aktuelle Unternehmenssituation

- Bericht über Entwicklungen in den Segmenten bzw. einzelner Produkte
- Segmentierung
- Abhängigkeit von makro- und mikroökonomischen Faktoren
- Corporate Governance-Strukturen
- Kompetente Erläuterungen der Veränderungen gegenüber den zuletzt veröffentlichten Unternehmensinformationen zu diesem Komplex

Ziele und Ausblick

- Managementpolitik, insbes. mittel- und langfristige Pläne zur Steigerung des Unternehmenswertes
- angestrebte/erwartete Renditen
- Produkte mit den größten Wachstumsraten
- Situation und Prognosen
  1. der Branche und
  2. des gesamtwirtschaftlichen Umfeldes
- Akquisitionspläne
- Budgetierung, Finanzbedarf, Rückzahlung
- Dividendenentwicklung

Attraktivität des Unternehmens als Kapitalanlage

(Quelle: DVFA Best Practice Analystenkonferenzen 2004)

Corporate Governance als Teil der Finanzkommunikation verfolgt mehrere Ziele (1)

Vertrauen der Kapitalgeber stärken:

- Zunehmende Neigung institutioneller (insbesondere anglo-amerikanischer) Investoren, Anlageentscheidungen an standardisierten Qualitätskriterien auszurichten und die Einhaltung der Corporate Governance Standards als Anlagekriterium aufzunehmen

Information der (ausländischen) Investoren über die in Deutschland geltenden Regeln:

- Deutschland hat ausdifferenzierte Regeln für die Corporate Governance, die von denen anderer Länder nicht grundsätzlich übertroffen werden
- Viele der in Deutschland geltenden oder von deutschen Unternehmen praktizierten Corporate Governance Standards sind unbekannt, weil sie nicht kommuniziert werden

Information von Anlegern über unternehmensspezifische Besonderheiten:

- Unternehmen beachten in der Regel nicht nur die gesetzlichen Mindestanforderungen, sondern befolgen im Rahmen ihrer eigenen Corporate Governance weitere Regeln als Teil der von ihnen geübten „Best Practice"
- Die Publikation unternehmensspezifischer Corporate Governance Grundsätze dient insbesondere dazu, auf Besonderheiten des Unternehmens aufmerksam zu machen und diese in geeigneter Weise zu vermitteln

Corporate Governance als Teil der Finanzkommunikation verfolgt mehrere Ziele (2)

Zielorientierung und Verlässlichkeit der Unternehmensführung hervorheben durch klare Regeln über:
- Entscheidungsprozesse
- Anreizstrukturen
- Rechnungslegung
- Unternehmenskommunikation

Kontrolle der Unternehmensführung darstellen:
- Kontrollfunktionen
- Prozesse der Kontrolle
- Stellung und Arbeitsweise des Aufsichtsrats
- Unabhängigkeit von Aufsichtsrat und Abschlussprüfern

Vorkehrungen zur Vermeidung von Risiken aufzeigen:
- Formalisierte und transparente Entscheidungsabläufe
- Vermeidung oder Offenlegung von Interessenkonflikten
- Vorausschauende Kontrolle

8.5 Instrumente der Finanzkommunikation

Instrumente der Kapitalmarktkommunikation

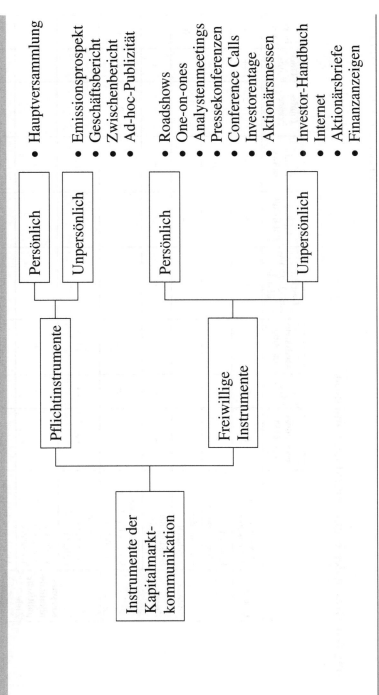

Instrumente der Finanzkommunikation 8.5

Bewertung von Medien der Kapitalmarktkommunikation

		Emissions-prospekt	HV	Analysten-meeting	Geschäfts- und Quartals-bericht	Ad-hoc-Publizität	Road-shows	Confe-rence Calls	One-on-Ones	Inter-net
Oberziel	Maximierung des Aktienkurses	0	0	++	0	±	++	±	++	0
Finanz-politische Ziele	Erweiterung des Aktionärskreises	+	0	+	0	++	++	0	++	+
	Senkung der Volatilität	0	0	+	±	±	+	±	+	0
	Senkung der Kapitalkosten	+	0	+	0	±	+	±	+	0
	Reduzierung des Risikos feindlicher Übernahmen	0	±	±	0	±	+	0	+	0
Kommu-nikations-politische Ziele	Aufbau eines Vertrauens-verhältnisses	++	++	++	+	+	++	++	++	+
	Verbesserung des Images/Bekannt-heitsgrades	+	++	+	+	+	+	+	++	++
	Abbau von Informa-tionsasymmetrien	++	±	++	0	+	+	++	++	+

Legende: 0 = Kein Einfluss, + = Positiver Einfluss, ++ = Sehr positiver Einfluss, ± = Uneindeutig

(Quelle: Bassen 2003)

Literaturverzeichnis

Arbeitsgemeinschaft für betriebliche Altersversorgung e.v.: Stellungnahme zur „Natur und Charakter von Pensionsrückstellungen – Auswirkungen auf das Rating von Unternehmen", Heidelberg 2003

Arbeitskreis „Finanzierung" der Schmalenbach-Gesellschaft: Ansätze zur Gestaltung des Netzes von Bankverbindungen durch eine Unternehmung, in: ZfbF 40(1988)9, S. 739–767

Arbeitskreis „Finanzierung" der Schmalenbach-Gesellschaft: Analyse der für die Entwicklung eines Buy-Out Marktes notwendigen Bedingungen in der Bundesrepublik Deutschland unter besonderer Berücksichtigung von MBO's, in: ZfbF 42(1990)10, S. 830–850

Arbeitskreis „Finanzierung" der Schmalenbach-Gesellschaft für Betriebswirtschaft: Betriebliche Altersversorgung mit Pensionsrückstellungen oder Pensionsfonds – Analyse unter finanzwirtschaftlichen Gesichtspunkten, in: Der Betrieb 51(1998)7, S. 321–331

Arbeitskreis „Finanzierung" der Schmalenbach-Gesellschaft: Börsengänge von Konzerneinheiten – Handlungsempfehlungen des Arbeitskreises „Finanzierung" auf Basis einer empirischen Untersuchung deutscher Equity Carve-Outs und Spin-Offs (1997–2000), in: ZfbF 55(2003)8, S. 515–541

Auböck, G.: Der Kapitalmarkt als Quelle für Risikokapital, in: Guserl, R./Pernsteiner, H. (Hrsg.): Handbuch Finanzmanagement in der Praxis, Wiesbaden 2004, S. 789–818

Bassen, A.: Kapitalmarktkommunikation von jungen Wachstumsunternehmen, Vorlesung an der TU München 2003

Becker, F.G.: Finanzmarketing von Unternehmungen. Konzeptionelle Überlegungen jenseits von Investor Relations, in: DBW 54(1994)3, S. 295–313

Beermann, M./Masucci, A.: Motive und Umsetzung eines Going Private, in: Finanz-Betrieb (2000)11, S. 705–707

Behr, G. u.a.: Accounting, Controlling und Finanzen. Einführung, München, Wien 2002

Brealey, R.A./Myers, S.C.: Principles of Corporate Finance, 6. Aufl., New York 2000

Bösl, K.: Gestaltungsformen und Grenzen eines indirekten Börsengangs, in: Finanz-Betrieb (2003)5, S. 297–303

Breit, C./Reinhart, E.: Finanzierung der Unternehmung: Zinsmanagement, München, Wien 1998

Burger-Calderon, M:: Investitionskriterien eines Private Equity-Investors, Vortrag München, 15. Januar 2003

Coenenberg, A.G./Salfeld, R.: Wertorientierte Unternehmensführung. Vom Strategieentwurf zur Implementierung, Stuttgart 2003

Droege&Comp.: Restrukturierung Passivseite. Umschuldung und Entschuldung von Unternehmen, Düsseldorf o.J.

DVFA: Analystenkonferenzen – Best Practice, Dreieich 2004

Ebel, B./Hofer, M.: Investor Marketing-Strategie, in: Frankfurter Allgemeine Zeitung vom 6.4.2002, S. 68

eFinance Lab (Hrsg.): Financial-Chain-Management. Prozessanalyse, Effizienzpotenziale und Outsourcing. Eine empirische Studie mit den 1.000 größten deutschen Unternehmen, Frankfurt am Main 2003

Finance Studien: Asset-backed Securitization. Finanzierungsalternative für den Mittelstand, Frankfurt 2005

Gerke, W./Pellens, B.: Pensionsrückstellungen, Pensionsfonds und das Rating von Unternehmen – eine kritische Analyse, Forschungsgutachten im Auftrag von ThyssenKrupp AG, Deutsche Post AG, Linde AG, Erlangen-Nürnberg und Bochum 2003

Glaum, M./Förschle, G.: Finanzwirtschaftliches Risikomanagement deutscher Industrie- und Handelsunternehmen, Industriestudie, Frankfurt 2000

Golz, R.T./Hoffelner, M.: Mezzanine für den Mittelstand, in: VentureCapital Magazin 06/2003

Götz, A.: Management Buy Out – Instrument für Unternehmensnachfolge und Restrukturierung, in: Die Bank (2003)11, S. 738–743

Götz, A.: Management Buy Out – Chancen und Möglichkeiten für das Management, Vortrag München, 29.4.2004

Gramlich, D.: Neuere Ansätze des betrieblichen Finanzmanagements, in: Der Betrieb 51(1998)8, S. 377–381

Grundl, M.: Case Study Heidelberger Druckmaschinen AG, Pressegespräch Siemens Financial Services, München 3. März 2004

Grunicke, A./Pietzcker, A.: Ratings in der Dresdner Bank AG, Vortrag Juli 2003

Hänsche, H.: Fallstudie: Private Placement der Porsche AG, in: VDT (Hrsg.): Veranstaltung Private Placement, Frankfurt 6.7.2004

Hardt, F.-S./Rindler, G.: Wertorientierte Unternehmensführung in einem IT/TK-Unternehmen, in: Zeitschrift für Controlling und Management 47(2003)4, S. 273–277

Heinke, V.G./Steiner, M.: Rating am europäischen Kapitalmarkt: Nutzenaspekte und Empirische Analysen, in: FinanzBetrieb (2000)3, S. 138–143

Heischkamp, V./Schulze, B.: Treasury-Systeme: Systemauswahl und -implementierung, Präsentation beim Verband Deutscher Treasurer e.V. in Essen am 16. Juni 2003

Hommel, U./Pritsch, G.: Bausteine des Risikomanagement-Prozesses, in: Achleitner, A.K./Thoma, G.F. (Hrsg.): Handbuch Corporate Finance, Köln, Punkt 9.1.1., S. 1–31

Hommel, U./Schneider, H.: Die Bedeutung der Hausbankbeziehung für die Finanzierung des Mittelstands, in: FinanzBetrieb 6(2004)9, S. 577–584

Hunter, R.: Rating: Schlüssel zur Finanzierung nach Basel II, Vortragsunterlagen, in: bfinance (Hrsg.): Unternehmensfinanzierung: Bank oder Kapitalmarkt?, München 23. Januar 2002

Jokisch, J.: Finanzinnovationen zum Management von Zinsrisiken, in: Börsig, C. u.a. (Hrsg.): Neue Finanzierungsinstrumente für Unternehmen, Stuttgart 1996, S. 91–110

Jokisch, J./Mayer, M.D.: Grundlagen finanzwirtschaftlicher Entscheidungen, München, Wien 2002

Kauffmann, H.: Controlling internationaler Unternehmen, Vortrag auf dem 58. Deutschen Betriebswirtschafter Tag, Berlin 28. September 2004

Keller, T.: Die Führung der Holding, in: Lutter, M. (Hrsg.): Holding Handbuch, 4. Aufl., Köln 2004, S. 121–174

Kley, C.R.: Inwieweit können Hausbankbeziehungen die Finanzierungsprobleme von mittelständischen Betrieben mindern?, in: FinanzBetrieb (2004)3, S. 169–178

Knorren, N.: Unterstützung der Wertsteigerung durch Wert-Orientiertes Controlling (WOC), in: KRP 41(1997)4, S. 203–210

Korfsmeyer, J.: Die Bedeutung von lock-up agreements bei Aktienemissionen, in: FinanzBetrieb (1999)8, S. 205–212

KPMG: Intercompany Clearing (ICC), o.J., S. 1–10

Krause, S.: Rede zur Bilanzpressekonferenz der BMW AG am 17. März 2004 in München

Langner, S.: Asset Backed Securities, in: ZfbF 54(2002), S. 656–673

Lohneiß, H.: Financial Risk Management – aktueller Handlungsbedarf für Unternehmen, Pressegespräch Siemens Financial Services, München 3. März 2004

Mairer, T.: Systemauswahl Treasury Management System: „Von der Idee zur Umsetzung", Vortrag im Rahmen einer VDT-Veranstaltung, Essen 16. Juni 2003

Meier, H.B.: Controlling im Roche-Konzern, in: Bruhn, M. u.a. (Hrsg.): Wertorientierte Unternehmensführung. Perspektiven und Handlungsfelder für die Wertsteigerung von Unternehmen, Wiesbaden 1998, S. 97–144

Middelmann, U.: Corporate Governance – Wertmanagement und Controlling, in: DBW 64(2004)1, S. 101–116

Neubürger, H.-J.: Pensionsfonds und CTA's als Instrument der Unternehmensfinanzierung, Vortrag Schmalenbach-Tagung, Köln, 21. April 2005

Pape, U./Beyer, S.: Venture Capital als Finanzierungsalternative innovativer Wachstumsunternehmen, in: FinanzBetrieb 3(2001), S. 627–638

Paul, S.: Verbriefung – Mythos und Wirklichkeit, in: Gerke, W./Siegert, T. (Hrsg.): Aktuelle Herausforderungen des Finanzmanagements, Stuttgart 2004, S. 61–90

Permoser, G./Kontriner, K.: Anleihen als neue Form der Kreditfinanzierung, in: Guserl, R./Pernsteiner, H. (Hrsg.): Handbuch Finanzmanagement in der Praxis, Wiesbaden 2004, S. 839–867

Rappaport, A.: Creating Shareholder Value, New York, London 1986

Reisetbauer, M.: Finanzielle Unternehmenssteuerung. Wertsteigerung im Spannungsfeld zwischen Bonität und Liquidität, Vortragsunterlagen o.O., o.J.

Reitzle, W.: Strategische Unternehmensführung. Fallbeispiel Linde AG, Vorlesung an der TU München, München 5. Mai 2004

Rudolph, B.: Ökonomische Gesichtspunkte für die Wahl der Akquisitionswährung und Akquisitionsfinanzierung, in: Picot, A. u.a. (Hrsg.): Management von Akquisitionen. Akquisitionsplanung und Integrationsmanagement, Stuttgart 2000, S. 131–152

Rudolph, B./Haagen, F.: Die Auswirkungen institutioneller Rahmenbedingungen auf die Venture Capital-Finanzierung in Deutschland, Münchner Betriebswirtschaftliche Beiträge, München September 2004

Schäfer, H.: Unternehmensfinanzen. Grundzüge in Theorie und Management, 2. Aufl., Heidelberg 2002

Schefczyk, M.: Finanzieren mit Venture Capital, Stuttgart 2000

Scherkamp, P.: „Asset Management"-Shareholder-Value-orientiertes Management von Mittelbindung und Mittelfreisetzung, in: Gerke, W./Siegert, T. (Hrsg.): Aktuelle Herausforderungen des Finanzmanagements, Stuttgart 2004, S. 185–202

Schierenbeck, H./Lister, M.: Finanz-Controlling und Wertorientierte Unternehmensführung, in: Bruhn, M. u.a. (Hrsg.): Wertorientierte Unternehmensführung. Perspektiven und Handlungsfelder für die Wertsteigerung von Unternehmen, Wiesbaden 1998, S. 13–56

Schneck, O.: Finanzierung. Eine praxisorientierte Einführung mit Fallbeispielen, 2. Aufl., München 2004

Schneider, J. u.a.: Restrukturierung im Mittelstand. Wege aus der Krise, Frankfurt 2003

Seiler, A.: Financial Management, 2. Aufl., Zürich 2000

Siemens Financial Services GmbH (Hrsg.): Leasing dreht auf. Investitionsfinanzierung in Deutschland im internationalen Vergleich, München 2004

Skiera, B./Pfaff, D.: Financial Supply Chain Management, in: WISU (2004)11, S. 1399–1405

Specht, O.: Unternehmensführung, München, Wien 2001

Spengel, C.: Einflussfaktoren und Möglichkeiten zur Optimierung der Konzernsteuerquote. Ein internationaler Vergleich, Vortrag auf dem 58. Deutschen Betriebswirtschafter-Tag, Berlin 28. September 2004

Stein, R. u.a.: Eigenkapital stärken – aber wie? Welche Finanzierungsinstrumente Mittelständler bevorzugen, Frankfurt 2004

Steiner, M.: Einleitung, in: FAZ-Institut/Siemens Financial Services (Hrsg.): Leasing dreht auf, München 2004, S. 1–7

Süchting, J.: Finanzmanagement: Theorie und Politik der Unternehmensfinanzierung, 5. Aufl., Wiesbaden 1989

Verband Deutscher Treasurer e.V. (Hrsg.): Finanzmarktkommunikation, Frankfurt 2002

Vetter, J: Konzernweites Cash Management – Rechtliche Schranken und Risiken, in: Lutter (Hrsg.): Holding-Handbuch, 4. Aufl., Köln 2004, S. 310ff.

Volkart, R.: Wertkommunikation, Aktienkursbildung und Managementverhalten als kritische Eckpunkte im Shareholder Value-Konzept, Arbeitspapier Zürich o.J.

Weißenberger, B.E.: Vorlesung ABWL/Rechnungswesen, Justus-Liebig-Universität Giessen 2003

Windmöller, R.: Risiko der Fehleinschätzung von Risiken, Vortragsunterlagen, Schmalenbach-Tagung in Köln, 8. Mai 2003

Wirtz, B.W./Salzer, E.: IPO-Management. Struktur und Ausgestaltung der Börseneinführung, in: WiSt (2004)2, S. 102–108

Zschocke, C.: Spezielle Anforderungen von Public M&A-Projekten, Vortragsunterlagen, Frankfurt am Main 28. April 2004

Zunk, D.: Währungsmanagement als Teil des Risikomanagement in der Treasury von Unternehmen, in: FinanzBetrieb (2002)2, S. 90–97

Stichwortverzeichnis

ABS 221 ff.
ABS-Multiseller-Programme 229
Absicherungszeitraum 359
Ad-hoc-Publizität 446
Agency-Effekt 56
Akquisitionsfinanzierung 246 ff.
Akquisitionswährung 246 f.
Aktionärsbrief 459
Akzeptkredit 169
Aktienemission, erstmalige 95 ff.
Aktivstrategie 298
Altersversorgung 273
Analystenkonferenz 455
Anleihen 84
Anleihenemission 198
Anleiheportfolio 294
Anschlussfinanzierungsrisiko 344
Arrangeur 226
Asset Allocation 289 f.
Asset Backed Securities 221 ff.
Asset-Liability Management 294 f.
Asset-Liability-Modelle 294
Asset Management 288 ff.
Auflösung, übertragende 124
Ausfallrisiken 74
Ausfallwahrscheinlichkeit 74, 310
Auslandszahlungsverkehr 334
Aussenfinanzierung 20
Avalkredit 84, 169

Back Office 377, 379
Bankenpolitik 334 ff.
Bankgarantie 335
Bankkredite 167
Basel II 76
Beta 32
Betafaktor 310
Beteiligung, stille 151
Beteiligungsfonds 129
Beteiligungsfinanzierung 20
Bilanzstruktur 65

Bond 156, 194
Bookbuilding-Verfahren 102 f.
Börseneinführung 95 ff., 107 f.
Börsengang, indirekter 109
Börsengesetz 15
Börsenordnung 15
Börsensegmente 104
Börsenzulassungsverordnung 15
Brückenkredit 248
Bürgschaft 84
Business Angel 133
Buy-Out 136 ff.

Capital Lease 177
Cash Burn Rate 7
Cash Flow 7
Cash Flow Cycle 401
Cash Flow Return On Investment 28
Cash Management 317
Cash Management System 318 f.
Cash Offer 246
Cash Pooling 320 ff.
Cash Value Added 28
CFROI 28
Cold-IPO 109
Commercial Paper 201
Conference Call 459
Contractual Trust Arrangement 276 f.
Convertible Bonds 156 ff.
Corporate Governance 17, 456 f.
Corporate Governance Kodex 17
Corporate Real Estatement Management 41
Cost Center 424
Covenant 85 ff.
Creditor Relations 442

Darlehen, nachrangiges 150 f.
Dax 104
Days in Inventory 401
Days in Payables 401
Days in Receivables 401

Days Sales Outstanding 401
Debt Mezzanine 149
Delisting 121
Devisenkassageschäft 373
Devisenoptionsgeschäft 374
Devisenswapgeschäft 373
Devisentermingeschäft 373
Discounted Cash Flow 28 ff.
Diskontkredit 167 f.
Diversifikation 290
Dividend Cover 7
Dividendenpolitik 115
Dokumentenakkreditiv 336
Due Diligence 97
DVFA Ergebnis 9

Earnings before Interest and Taxes 9
EBIT 9
Economic Value Added 28
Effektives Pooling 320, 322
Eigenfinanzierung 20
Eigenkapital 48, 89 f.
Eigenkapitalkosten 32, 49
Eigenkapitalquote 13, 52, 89 f.
Eigenkapitalstrategien 88 ff.
Eigentumsvorbehalt 84
Einlagenfinanzierung 20
Emissionsfähigkeit 92
Emissionskonsortium 97
Emissionskonzept 100
Emissionskosten 108, 199
Equity Bond 155
Equity Mezzanine 149
EVA 28
Exposure 363

Factoring 180, 235
Fälligkeitenprofil 164
Festpreisverfahren 103
Fiktives Pooling 320 f.
Finance Lease 177
Financial Supply Chain Management 399 ff.
Finanzanzeigen 459
Finanzbedarf 62
Finanzierung, strukturierte 216 ff.
Finanzierungsformen 20 f.
Finanzierungsgesellschaft 258

Finanzierungsgrundsätze 4
Finanzierungsinstrumente 66 f.
Finanzierungsstatus 64
Finanzierungsstrategie 61 ff.
Finanzierungsziele 3, 10
Finanzkennzahlen 5, 9
Finanzkommunikation 105 f.
Finanzmarketing 431 ff., 442
Finanzmarktforschung 432
Finanzmarkt-Klassifikation 14
Finanzmarktkommunikation 452
Finanzorganisation 422 ff.
Finanzplanung 59 f., 68 f.
Finanzschulden-Tilgungsfaktor 10
Finanzsysteme 411 ff.
Flexibilität 3, 57
Förderhilfen 215
Forderungsmanagement 407 f.
Forderungsverkauf 180 ff.
Forward Rate Agreement 391
Forward-Zins-Swap 392
Free Cash Flow 6 f.
Free Cash Flow Cover 7
Fremdfinanzierung 20
Fremdkapital 48
Fristenrisiko 344
Front Office 377, 379

Geldanlagen, kurzfristige 329
Geldleihe 163, 167
Geldmarkt 14
General Standard 104
Genussrechtskapital 151
Genussschein 153 f.
Geschäftsbericht 459 f.
Geschäftsrisiko 53
Geschäftswertbeitrag 37
Gesellschafter-Fremdfinanzierung 213
Global Custodian 304
Going Private 118 ff.
Grundpfandrecht 84

Hauptbank 437
Hauptversammlung 459
Hausbank 437
Hedging 357
Hedging-Instrumente 372 ff.

Stichwortverzeichnis

IBAN 334
Intercompany Clearing 338 f.
International Bank Account Number 334
Immobilienfinanzierung 218, 253 ff.
Immobilienfonds 256
Immobilienmanagement 41 ff.
Inhouse Bank 325
Initial Public Offering 95 ff.
Innenfinanzierung 20, 261 ff.
Insolvenz 74
Internal Rating Based-Ansatz 76 f.
Internetauftritt 454
Investitionscontrolling 38
Investitionsrisiko 33
Investor Marketing 448
Investor Relation 450
Investmentbanken 12
Investmentgesetz 15
Investment Grade 79
Investment Story 99
IPO 95 ff.

Jahresüberschuß 9

Kapitalbeschaffung 70 ff.
Kapitalbezugswegepolitik 432
Kapitalfreisetzung 40, 262, 266
Kapitalkosten 440
Kapitalkostensatz, gewichteter 31
Kapitalmarkt 14
Kapitalmarktinstrumente 193 ff.
Kapitalmarktkommunikation 449, 459
Kapitalmarktrecht 15
Kapitalproduktpolitik 431 f.
Kapitalstruktur 50 ff.
Kapitalstrukturrisiko 51 f.
Kennzahlensystem 39
Konkurskosten 54
Konsortialkredit 188
Kontokorrentkredit 84, 167
Konzernclearing 338 f.
Korrelationskoeffizient 310
Kredit, syndizierter 187 f.
Kreditentscheidung 171
Kreditfinanzierung 20, 163 ff.
Kreditleihe 163
Kreditlinie 350
Kreditmanagement 350 ff.

Kredit-Rating 72 f.
Kreditrisikomanagement 350 ff.
Kreditübersicht 64
Kreditüberwachung 353
Kreditwürdigkeitsprüfung 171, 250

Länderrisiko 355
Leasing 173
Leasingquote 175
Leverage 50 f.
Leveraged Management Buy-Out 138
Limitsystem 381
Liquidität 3
Liquiditätsplanung 59 f.
Listing 122
LMBO 138
Lock-up Vereinbarung 111
Lombardkredit 167

Management Buy-Out 136
Master KAG 304
MBO 140
Mehrheitseingliederung 124
Mezzanine-Finanzierung 21, 148 ff.
Mitarbeiterkapitalbeteiligung 144 ff.
Moody's 78
Multi-Manager-Konzept 302 f.

Nachrangdarlehen 151
NAIC-Rating 207 f.
Nebenbank 437
NOPAT 9, 37
Notch 79
Notional Pooling 320 f.

Objektfinanzierung 218
Ökonomisches Risiko 363
Operating Lease 176
Opinionleader Relations 442
Optionsanleihe 151
Order-to-Cash 404, 406
Originator 223

Passivstrategie 298
Payment Factory 332 f.
Pecking Order 283
Pension Fund 274
Pension Trust 274
Pensionsrückstellungen 270 ff.

Platzierung 97
Pooling 315 ff.
Primärmarkt 14
Prime Standard 104
Private Equity 128 ff.
Private Placement 204 ff.
Privatplatzierung 204 ff.
Profit Center 424
Projektfinanzierung 218, 239 ff.
Purchase-to-Pay 404, 406

Rating 71 ff.
Ratingstufen 79
Renditeforderungen 49
Rentabilität 27
Residualgewinn 28
Risiko 309, 344 ff.
Risiko, systematisches 32 f., 309
Risiko, unsystematisches 32, 309
Risikokapital 131 f.
Risikokategorien 344
Risikomanagement 345 f.
Risikomanagementprozess 347
Risikomasse 309 ff.
Risikomessung 308 ff.
Risikonahmestrategien 346
Risikotransformation 346
Risikoübernahme 346
Risikoüberwälzung 346
Risikovermeidung 346
Risikozeitpunkt 359, 365
Risikozeitraum 365 f.
Roadshow 459
Rückstellungen 265

Sale and Lease Back 179, 256
Schuldschein 189 ff.
Securitization 222 f., 232
Sekundärmarkt 14
Selbstfinanzierung 20, 262, 263
Service Center 424
Share Offer 246
Shareholder Value 34 f.
Sharpe Ratio 311
Sicherheiten 84, 171
Sicherheitenstruktur 64
Sicherungsabtretung 84
Sicherungsstrategie 359, 370

Sicherungsübereignung 84
Special Purpose Company 222
Spezialfondsverwaltung 305
Squeeze Out 125
Standard & Poor's 78
Steuereffekt 55
Steuerungssystem 27
Strukturierte Finanzierung 217
Subinvestment Grade 79
Sweeping 320
SWIFT/BIC-Code 334
Syndicated loan 188
Syndizierungsstrategie 188

Taking Private 120
Tax Shield 55
Tilgungsplanung 64
Total Cash Flow 8
Tracking Error 311
Transaktionsrisiko 363, 367
Translationsrisiko 363
Treasury Management-Systeme 412 f.

Umkehrwechsel 169
Umwandlung, formwechselnde 124
Unternehmensanleihe 194 ff.
Unternehmensführung, wertorientierte 25 f.
Unternehmensplanung 63
Unternehmenswert 28 ff.

Value at Risk 312 f.
Venture Capital 133 f.
Verbriefung 222 f.
Verkaufsprospektgesetz 15
Vermögensanlage 288 ff.
Vermögensumschichtung 266
Vermögensverwaltung 302 ff.
Veröffentlichungspflicht 446
Verpfändung 84
Verschmelzung 124
Verschuldungsgrad 7, 50
Volatilität 310
Vorratsvermögen 45 f.

WACC 31
Währungsexposure 363
Währungsrisikomanagement 357 ff.
Währungsstrategie 359, 370 f.

Wandelanleihe 151, 156ff.
Wandelprämie 157
Wandelpreis 157
Wandelverhältnis 157
Warenfinanzierung 218
Wertkette 6
Wertkommunikation 441
Wertmanagement 25f.
Wertpapiererwerbsgesetz 15
Wertpapierhandelsgesetz 15, 446
Wertsteigergungsstrategie 35
Werttreiberbaum 410
Werttreiber 410
Working Capital 268

Zahlungsbedingungen 350, 354f.
Zahlungsverkehr 317, 331f.
Zahlungsverkehrs-Netting 339
Zedent 181
Zero Balancing 320
Zessionar 181
Ziele 3
Zins-Cap 394f.
Zins-Floor 396f.
Zins-Swap 393
Zinsänderungsrisiko 387
Zinskompensation 320f.
Zinsmanagement 388, 390
Zinsrisiko 386
Zinsrisikomanagement 385ff.
Zweckgesellschaft 222, 226, 239